AF137461

Une année de hasards exquis et de
cadavres objectifs

MIGUEL S. RUIZ

UNE ANNÉE DE HASARDS EXQUIS ET DE CADAVRES OBJECTIFS

Prenez un journal.
Choisissez dans ce journal un article.
Prenez des ciseaux.
Découpez l'article.
Découpez avec soin chacun des mots qui forment cet article et
mettez-les dans un sac.
Tirez et copiez consciencieusement.
Le poème vous ressemblera, et vous voilà un écrivain infiniment
original et d'une sensibilité charmante, quoiqu'incomprise du vulgaire.

(Francis Picabia)

Mon attention s'était fixée sur les phrases plus ou moins partielles
qui, en pleine solitude, à l'approche du sommeil, deviennent
perceptibles pour l'esprit sans qu'il soit possible de leur découvrir une
détermination préalable. Ces phrases, remarquablement imagées et
d'une syntaxe parfaitement correcte, m'étaient apparues comme des
éléments poétiques de premier ordre.

(André Breton)

1ᵉʳ janvier 2019
Les premiers de cordée ruissellent sur un Alain
Finkielkraut scrogneugneu… Cependant Djemila a
envoyé valser son poste vers l'au-delà - ce qui
pourrait rattraper la bourde originelle.

2 janvier 2019

Un Dalaï-lama éméché a été vu dans son plus simple appareil dentaire, tout près les vaches pondaient des œufs sur des packs de Cristalline... Eh oui les fesses sont têtues, Nathalie Saint-Cricq... Et les Balkany n'en pensent pas moins !

3 janvier 2019

Les loups frileux ont la solitude honteuse. Et que dire du clergyman et de l'oncle au tibia vermoulu, celui du bar-tabac étoilé d'Andy Warhol...

4 janvier 2019

Dès que mon vaisseau se fut posé sur un pépin de raisin - il y a quelques mille milliards de milliers d'années - j'ai épousé une chaise ; et depuis Sid Vicious et Jean Lecanuet sont les meilleurs amis du monde... Alors, vous tous les Roberto Benigni au petit pied, vous voyez bien que la vie peut être belle !

5 janvier 2019

Henri (& Olivier) Poupon geignaient de n'arriver à rien... « Pauvres idiots, faites-vous sapajous classiques et vous l'obtiendrez votre moyenne au bac ! ». (Voilà, c'est dit)

6 janvier 2019
Les Trissotins de la rue de Penthièvre -
comptables lugubres freinés par une blennorragie
- sont les pousses-au-crime de l'embauche…
Alors, consentement des naseaux muets (et de leur
agonie) ou nuages roses Gestapo ?? Quoi qu'il en
soit, on a bien eu affaire à un mirage concret.

7 *janvier 2019*
« Nénesse cité fait loi »... Et la colonne des
réfugiés de la route Malaga-Alméria, c'était une
virée en boîte peut-être ?!? Nonobstant, y'a dû
y'avoir des fuites - et le lapin idoine
est bien transgenre !

8 janvier 2019

*Ah, il faut choisir : soit une fusée à Machecoul,
soit Razibus Zouzou aux Champs-Aiguisés ! Ou
alors, au pire : la tendresse de la Wehrmacht sur
une corde à linge… Laquelle, de toute façon, a
toujours été accompagnée de la
reine de l'à-peu-près.*

9 janvier 2019

« Conjugaison terrible du sang et de la tarte aux
pommes sous les oreillers de vent ! » Oui, oui, ok
d'accord… Mais faut-il aussi poster les affres de
l'intelligence aux environs de la cravate ?

10 janvier 2019

*A partir de maintenant, la méduse et le babouin
libraire seront comptables de l'innocence du
boulanger. Et, si l'on excepte les mystères de
l'Ouest, les angoisses particulières seront
réservées aux ribaudes, rivières incluses.*

11 janvier 2019

D'après les tortues hémiplégiques de la lesbienne
anarchiste, islamistes et adeptes de la Foire du
Trône ne seraient pas Macron compatibles.

12 janvier 2019
« Les gourous apocalyptiques de chez Ikea, il faudrait les asperger de syndromes... Qu'ils retournent donc passer leur BEPC dans la cité lacustre, ces Minou Drouet du climat ! » - « Ouais, plus besoin d'eux, on trouvera toujours des catacombes de sagesse au péage de Saint-Arnoult... »

13 janvier 2019
Les mémoires du frêne font le lecteur de cadavres - pour preuve : les sandales à Manosque et les socquettes en titane.

14 janvier 2019
Dieu - architecte polymorphe qui s'échoue à la crème - a mis un kilt. La pleureuse écolo, elle, continue de briquer ses 4X4, tandis qu'Alain bâche Jung... Et tout ça à cause du chien de la voisine, Ousmane !

15 janvier 2019
Je me suis oublié puis retrouvé avec une jolie licorne venue m'entraîner dans la ronde... Comme quoi on n'accuse pas un pack d'eau bénite sans risque !

16 janvier 2019
Martin Dumollard, après avoir passé seize fois son permis, s'amusa à tirer sur des sternes - et Edouard. Puis, d'un trait, il vida son smoothie au cresson... Et là ce fut la révélation : Intervilles entretient la flamme des aigris et des pendus... Si, si, particulièrement quand des bras tendus implorent le Doux Che au bord du lac de Côme.

17 janvier 2019
Un personnage falot s'est fait tatouer une trique sur le prépuce. C'est Sacha Guitry soutenant mordicus que son père a tort (il n'a pas encore mûri).

18 janvier 2019
Et si tout commençait et finissait en musique - lunettes miracles permettant de voir à cent lieues... Elles adouciraient les retables castrateurs et l'on ne parlerait plus de la bombe atomique. Seul inconvénient : il faudrait alors vous brosser les chevilles - ben oui, vous vous attendiez à quoi ?!?

19 janvier 2019
Les rêveries de la vache céleste se répandent sur une grève avenante. Caresse-lui donc les tresses de tes doigts boueux !

20 janvier 2019

Un jour, une lune et son étoile mirent les voiles.
Alors un rappeur - vaguemestre idiot -, une
Deborah Kerr malodorante et son fils Jim, les
invitèrent à pleurer. Humant alors la
sève du jour, elles se répandirent sur Nantes. Et
maintenant que le réseau a planté, admirez donc
leurs silhouettes d'oiseaux cassés !

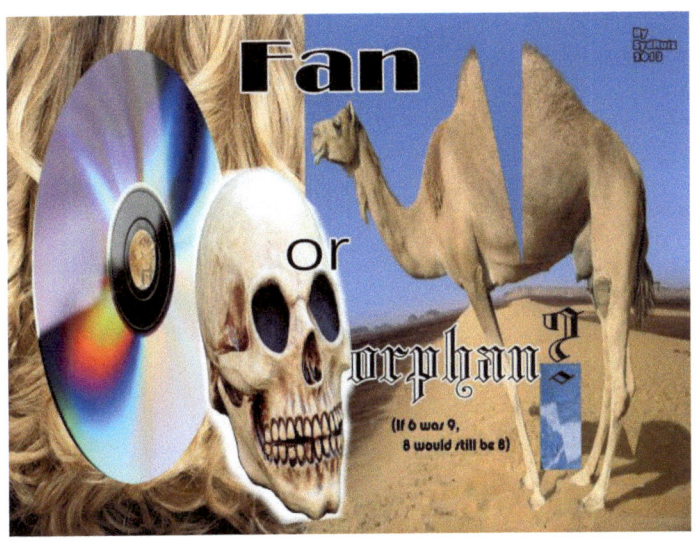

21 janvier 2019

Travailler dans la toundra et décoiffer leurs chers
Jacques & Annie Chancel – c'est bien tout ce que
demandent les vieux bébés du Politburo !

22 janvier 2019

Alors que je déambulais sur le boulevard La Cienega, Dieu me prit la main et l'enfouit sous l'imprimante à parchemins. Puis, tout à coup, le décor - d'où avait surgi la brouette de notre amour - intégra le chien de la voisine. Tu peux le reconnaître à sa gaine - un trait typique du Capricorne.

23 janvier 2019

Bernard Lavilliers sur l'autoroute des vacances couvre de baisers un Camille Desmoulins cyanosé - les deux ont évité de peu la bascule à Charlot !

24 janvier 2019

Elle avait esquissé sur son carnet les grandes lignes de son projet, heureuse de constater que ses écrits tournaient le dos au soleil. « Je prendrai bien un verre d'eau 'frizzante' avec une rondelle de Jésus, c'est l'idéal quand il s'agit de se brosser la morale », finit-elle par clamer... Par la Morbleu, vous y comprenez quelque chose, vous ??

25 janvier 2019
Arthur Rimbaud - comme dans un film de
Mizoguchi - traite de pignouf un Emile Zola
morne. Pauvre animal abusé par la
cartomancienne bavarde…

26 janvier 2019
Il pleut un plat de lentilles sur des chaussettes en
flammes : la duchesse a donc appelé. Et depuis,
assis mais volage, le tisserand mou méprise les
forces centrifuges du marcassin.

27 janvier 2019
Il faudra bientôt ravaler ses rancœurs de pluie si
l'on veut un jour émettre de jolis sons mouillés (la
sagesse du colporteur et l'urine des nations se
lovent dans le couloir qui radote).

28 janvier 2019
On se demande bien pourquoi le sicaire, parti
acheter des cigarettes, n'est pas revenu. Peut-être
la soif d'un ordre nouveau, qui sait… En dehors
du foyer il entretenait une relation avec Gaston
Gallimard et sa Fender Telecaster (récemment, il
s'était aussi rasé les cils)… Bon alors, vous y
croyez, vous tous les pauvres Keith
Richards à la redresse ???

29 janvier 2019
Les Gilets Jaunes Freddy Krieger et Robby
Krueger s'exhibent sans vergogne - soutenus par
une Simone de Beauvoir semi-remarquable.

30 janvier 2019
*Nu comme un ver sous son Perfecto, Frankenstein
pense que rien ne vaut un peu de confiture sur la
robe de mariée de Gaston Bachelard.
Primesautier, il finira par accuser Claude Chabrol
- le pauvre il est en plein questionnement...*

31 janvier 2019
Le bonnet rouge bouffi d'orgueil se fait remplacer
au bureau par ses parties honteuses. Y'en a qui
sont pistonnés, non ? (En tout cas, c'est ce que
pense la mère au haut céans)

1er février 2019

La plupart de ceux qui ont traversé le miroir vous diront qu'il va falloir éplucher une tonne de papier kraft - de celui qui fait broyer du noir. Mais heureusement, il y aura toujours d'autres solutions-fantômes en chemises brunes...
Moyennant quoi, après, sous les tilleuls, on pourra continuer d'appréhender la vie tous ensemble.

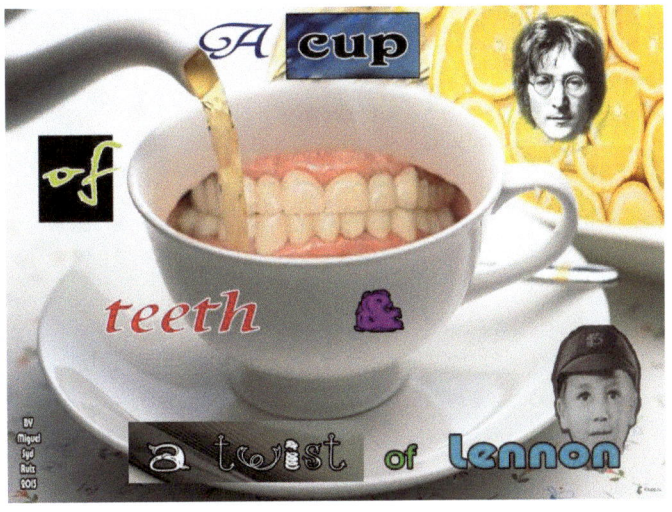

2 février 2019
Patrick Topaloff a coiffé Ben Hur sur le poteau - « les doigts dans le nez », se vante-t-il…
Conséquence : Robert Doisneau en profite pour cerner Johnny Depp - lequel n'en mène pas large.

3 février 2019

*Consultant sa boule de cristal, Madame Z.
m'aperçut draguant le Dalaï Serge Lama. Son
épouse, que toute manie interloque, enfourcha
alors sa valise - et en voiture Simone du Bavoir !
Certes elle a pêché, au vu de ce morceau de yak
qu'elle a sur le menton... Néanmoins : Tequila
Sunrise pour tout le monde !*

4 février 2019

En effet, la pluie en couche-culotte a écrit
« Charmant lol » partout - mais de là à cuire
Woody Guthrie ! Et puis quoi encore ??... Et
siroter tout seul un cognac… à cause
de toi peut-être ?!?!

5 février 2019

*La folie du mutin de la Mer Noire - et celle du
boucher d'Albacete - sont toujours visibles sous le
dé à coudre. Conséquence : les coursives de mon
âme n'apporteront rien au bonheur des huîtres.*

6 février 2019

Muriel et son moujik, dans leur fournaise gelée,
misent tout sur les jupons de la mariée mise au
pas… A califourchon sur le monde, leur ironie
risque de filtrer des boulevards - sans
parler de la grenadine !

7 février 2019

Dans ce vaudeville sentimental où les portent claquent, l'homme qui avait la faculté (innée ET acquise) de se dédoubler, se retrouva un jour enfermé dans la cuisine (au fond du couloir après le désert). Depuis on a fini par se lasser de lui. Et résultat : maintenant on ne peut plus reculer devant tous ces amants qui se réinventent...

8 février 2019

Gros Dada est mort. C'est pour ça que le Pr. Choron fouette la vache grise et la marmotte profonde – celles qui aiment dormir avec l'orgue-asthme des cocus soucieux.

9 février 2019

« Oui, j'avoue que je me suis un peu assoupi mais maintenant, allez-vous enfin tout remettre à niveau ?! Las, j'étais en effet parti pêché - mais si vous avez assez de discernement, les charrues devraient sentir bon à nouveau... J'aimais tant celles qui avaient enfanté un ténia et deux salamis... »

10 février 2019

Les frères Durruti dansent avec leur coiffeur, soutenus qu'ils sont par des syndicats de toute obédience. Mais c'est un piège : à la Cité Universitaire, le plus âgé d'entre eux se prendra une rafale (venue d'on ne sait où).

11 février 2019

Mes livres préférés acceptent difficilement de se soumettre à l'autorité, ils dénoncent tous avec vigueur les candidats à l'Eurovision et les incompétences de ma femme. Bref, tout cela pour dire que le bilan Carbone de Spirito n'est pas si mauvais... Encore une défaite pour Eugène Saccomano et ses prétentions littéraires !

12 février 2019

La jolie truande métisse (Anna, la pire des piranhas) porte plainte contre l'inconnu avachi du Nord-Express - pour tapage nocturne. La pauvre, c'était juste Michel Houellebecq au bal musette…

13 février 2019

« Josépha, Quand on me parle de tramontane je sors mon revolver.... Cela fait trois fois que tu passes ton permis, les examinateurs en avaient peut-être assez d'entendre éternuer les nains !?!... Bref, ton attitude est consternante et il ne te reste donc plus qu'à appeler la SPA de Berne : là-bas certains mots n'y ont pas pris une ride. »

14 février 2019

Marcel Campion sirotant inconsciemment une orangeade bat en neige la fille du patron... Et tout ça afin de surmonter sa peur bleue de la belle émigrée de Cadix !

15 février 2019

Dansant le plus beau tango du monde, j'ai oublié mon mari un instant. Cet homme qui semblait à première vue sympathique, voulez-vous vraiment qu'il se charge des comptes ?... Ok, ok, mais vous êtes prévenus : certains ne seront alors plus obligés de partir en exil - à la chasse aux Revers Indigos.

16 février 2019
Mario Vargas Llosa - mentor comme pas deux -
engage comme chauffeur Pierre Bellemare (celui
du Val d'Aoste). Ce qui nous fait dire : essayez
donc de décrasser Laurent Fabius,
c'est trop chou !

17 février 2019
*L'or de nos rêves chatoie sur la grève, espérant
enfin un répit. Mais méfiez-vous de lui, il est
bourré de tics qu'il fait passer pour des
manifestations du divin, lesquels me rappellent
certains pantoums... Bon, si je n'arrive pas à les
ouvrir, on les forcera avec un bélier,
foi de Georges Carnus !*

18 février 2019
Le chat du Cheshire accueille dans sa maison un
Julian Assange peinard et Dora Maar - renarde
impatiente qui en veut au rapin de Malaga.

19 février 2019
Un chapon nommé Shankar, ravi de s'être fait
châtrer, partit néanmoins voir son vétérinaire -
lequel l'emplâtra illico. Outrés, les clients du
Bazar de la Charité arrêtèrent alors le cours du
temps et commencèrent à déguster un plum-
pudding. Ils pensaient ainsi stopper les restrictions
budgétaires, et le feu qui gagnait du terrain.

20 février 2019
Le dernier des G.I. Jedi - aristocrate vieillot - avale
un fraisier en forme de punk à la renverse. Et
pendant ce temps, Alexander & Steve Mc
entonnent le « God Save the Queen » (celui
de Jeannot-le-Pourri).

21 février 2019
Au paradis, la peur du moustique n'exclut pas
l'équidistance des rivières de marbre. Quant à la
tortue pousse-au-crime, elle feint juste d'engranger
la recette du boulevard Daloz !

22 février 2019
Aux ballets roses du clergé, toute conspiration tend
vers sa propre limite : chemin vert et
frissons dans la fournaise. Le parfum du soleil,
lui, acquiesce aux coursives d'une
démocratie sépia.

23 février 2019
*Afin de ne pas en perdre une miette, on finit
toujours la journée sur les rotules. Voyez par vous-
même : le Barbier de Séville (Christophe) s'est
fait rasoir aux p'tits oignons... Et quand
en plus les jeux d'influence dont se
servent les médias affleurent sur vous,
comment voulez-vous être dispos pour une
samba ? (Erotique ou pas, là
n'est pas la question !)*

24 février 2019
Certes, au pays des peluches les confiseries sont
avenantes. Mais, un ours entrant par effraction
chez Chantal pour lui remettre le
Prix Nobel ?!?... Et qui plus est les
mains dans les poches !!!

25 février 2019

Un personnage des plus excentriques s'était fait greffer un crépuscule sur le front. Petit à petit il le transforma en licorne, au grand dam de ces petits messieurs. Alors, se gardant bien de mettre des mains aux fesses, le bistrotier sympa accusa le coup - puis fondit en larmes dans les bras d'un plâtrier afghan qui passait par là.

26 février 2019

La grande fille aux allumettes a pour habitude d'acheter son pain chez le cadavre de vos envies. On n'en attendait pas moins.

27 février 2019

*Lamartine chipotait une paella, pendant qu'à l'Abbaye d'Hautecombe on sonnait mâtine (et la coquine). Et moi qui filais vers Cannes dans ma vieille caisse à bières, Schopenhauer et Olivier Giroud arrivant eux par le Parc Monceau !!...
« Tiens donc, on revient enfin voir ses amies ?!? », hurla alors le sélectionneur caché derrière le voile de Maya.*

28 février 2019

Marcel Proust et Tito Puente, en sueur comme dans les romans russes, se sont mis en colocation avec une espèce de groin raciste… Enfin !!!

1er mars 2019

L'excès de laurier dans le steak, c'est excellent pour faire sursauter le cuisinier du Bourget. Car, en traitant ce malheureux de vermine, on arrivera à prouver que grand-mère et ses cataplasmes ne sont pas la cause des MST des séraphins. Bien fait pour lui puisqu'il ne vit que de rapines !

2 mars 2019

Une Louise Bourgoin pitoyable couvre de baisers l'alcoolique anonyme, afin de rembourser son emprunt. Les deux marchent d'un pas décidé vers un loufiat à la Nietzsche.

3 mars 2019

Les flamands roses qui ornent les chemisettes portées sur le port d'Amsterdam effarouchent les mouettes, lesquelles préfèreront toujours les uniformes aux capitaines de corvette. Conclusion : Internet commence à me les briser menues... Et je m'en vais de ce pas abandonner ma sœur et Robert Le Vigan !

4 mars 2019

Afin de faire rire les oiseaux, des fraises à la Roger Moore s'ébrouent contre la jolie Angelina Merkel (car celle-ci s'évertue à répondre aux questions qu'on ne se pose pas).

5 mars 2019

Depuis que les trouvères du CAC 40 dégustent les circuits analogiques d'un destin miséricordieux, j'ai bu tout le brouillard de la prothèse élevée au rang de monument.

6 mars 2019

Prostrés sur une chandelle, le psychiatre et ses amis agitent théière et wagonnet de manière équivoque. Pourquoi ? Parce que l'orthodoxie du vide peine à remplacer le couteau des girafes. Et la tendresse des cochons !

7 mars 2019

La mode des licornes - utilisées pour tout et n'importe quoi - est une terrible faute de goût. Alors qu'au départ, lorsque dans une soirée on entend une mouche voler, il suffit juste de s'agenouiller... Ou alors heurter de plein fouet un quidam (par exemple, tiens, au croisement des rues de Picpus et Rodrigo de Triana).

8 mars 2019
Carrément soupe-au-lait, Anthony Delon assaille
Audrey Tautou elle-même poursuivie par un
bouseux de la pire espèce : c'est Stanley Kubrick
sombrant en plein questionnement.

9 mars 2019
*Le petit cordonnier qui voulait aller
danser emprunta les arrière-pensées de la douleur.
Et alors qu'il s'acharnait à vouloir les délacer, une
charmante ondine à l'allure altière, courant après
son bus, lui ordonna de faire le repassage et de
nettoyer la banquette. Tant pis pour lui - car
croyait-il vraiment en réchapper ??*

10 mars 2019
Quoiqu'heureux, Alain Souchon ne peut plus voir
en peinture les chroniques de Merleau-Ponty... La
concierge en tongs s'éclipsera donc, à travers
l'ombre de leur lapin roux.

11 mars 2019
*Les donneurs de leçons - qui ont eux-mêmes
beaucoup à apprendre sur les méandres menant à
l'Alcazar - devraient comprendre que leur attitude
engendre l'envie de penser par les pieds. Faut-il
qu'ils soient sots, ces cuistres de
la Cinquième Colonne !*

12 mars 2019
Un Garcimore ventripotent prend en stop
Monsieur Hulot, ses longues dents flirtant avec le
Grand Schtroumpf orange (celui qui - via le
phylloxéra et le mildiou - répand
son fiel sur la banquise).

13 mars 2019
La drôle de vie que celle de Jules
Grévy ! Il ne peut dormir que plié en deux, en
chienlit de fusil... Glissons mortels, soyons légers
a écrit le poète... Certes, mais le petit bout de la
lorgnette, je ne sais pas vraiment où le caser.
Peut-être l'offrir à un défavorisé de Passy ?

14 mars 2019
Frida la Blonde atomique s'extasie sur Marisol
Touraine, bel animal assassiné par le Vert Galant -
un soir de mai 1976 à Glasgow.

15 mars 2019
Un des maîtres du Grand-Orient invite un
complément d'informations (qui n'apporte rien de
nouveau). C'est toujours la même chose - depuis
Adam, Ève et l'arrivée de la PlayStation... Et
encore, personne n'a plus hâte que
Margot dégrafe son corsage !

16 mars 2019
Ramsès-le-Rouge essaie de cloner des choses pas très commerciales... Et maintenant, par voie de conséquence, l'idiot bougon entreprend de faire rosir une dizaine de Rabbi Jacob des cités.

17 mars 2019
« Tigre du Bengale, mets dans le lave-vaisselle tes maîtres et leurs escabeaux! »... Mouais, facile à dire : il faudrait alors adopter la position des stoïciens - et celle du missionnaire... Et pour quel résultat ? Un dilemme antédiluvien (un de ceux dont je me suis toujours délecté avec délice)... Alors, c'est cela que vous vouliez ??

18 mars 2019
A la pêche aux sentiments, l'anachorète
héliocentré n'est jamais loin du rivage.
D'où il ressort que, un jour ou l'autre, le lait
moustachu n'ira pas plus loin qu'ailleurs.

19 mars 2019
*De ses petits doigts raides de mère indigne, la
terrine administrative - sur son 31 - caresse votre
nuque. Celui qui ose claironner la marche du
temps devra donc s'essuyer au
feu rouge du pâtissier.*

20 mars 2019
Mon oncle, illustre bricoleur en costume 1 pièce,
boit pour la consommation personnelle de Romain
Gary-Duris... Industrie flippante pour toutes ces
Julie Delpy membres du Parti Communiste !

21 mars 2019
*Le gagnant du concours du jet de châtaignes a
reçu les œuvres complètes de Céline et de Jacques
Doriot. Depuis, il fait plutôt dans le rire et la
parodie. Il prie aussi pour que la lumière s'éteigne
à Sigmaringen, elle et votre inénarrable
accent de péquenot.*

22 mars 2019
Bernard Lavilliers, époque Rose Bonbon circa '78,
mange toujours ses petits pois au charme
androgyne. Mathieu Amalric lui, attaque
« courageusement » un clone moisi du Professeur
Burp. C'est ça la modernité !

23 mars 2019

Lorsque les livres dialoguent entre eux dans la porcherie, ils se racontent leurs différents lecteurs. En particulier ce vieux beau séduit par le yaourt mature d'un matou indigné. Ô les beaux esprits !, et ces parcours épiques qu'ils ont vécu ! Parfois chaotiques certes, mais toujours les menant à bon port. Salut !

24 mars 2019

Poursuivi par trois culs-terreux et demi, le chauffeur gai comme un canal saute à pieds joints. Sur un arbre centenaire - étrange et sympathique à la fois.

25 mars 2019

Le plus triste des chants serait celui de l'oubli, par exemple celui d'une femme dont personne ne se soucie... Couvert de phasmes et un temps l'idole des Jaunes, il libèrerait alors la dentelle informe de ses pauvres angoisses. Une grande victoire pour le libéralisme !

26 mars 2019

Costaud, je suis parti en vacances avec un satyre minutieux. Pour finalement - grabuge à la clé - tomber sur l'artiste indiscutable, celui du pont de Mostar !

27 mars 2019
Une libellule et ses bigoudis revendaient sur internet de la confiture de Pythie. Un sprinter pétaradant s'étonnait lui de voir son petit-beurre affalé dans une salle obscure... Et pourtant, dans le temps ça marchait bien avec les filles (il les appelait, de façon désuète, les « quilles à la noix de pécan »).

28 mars 2019
Sans lire le mode d'emploi Iggy Pop passa au karcher la Souris teigneuse et déglinguée : elle vomissait seulement deux Groucho Marx morbides (Harpo et Chico étant out cette fois-ci).

29 mars 2019
Cap'tain Igloo paraît parfois un peu niais, affublé de sa chapka. Car de tous temps les histoires de loups l'ont fait frémir - sans pourtant avoir jamais laisser passer un seul révolutionnaire. Malheureusement elles font enfler certaines chevilles communardes passées au communautarisme...

30 mars 2019
Le lapin lapon pousse dans le vide un petit volcan. Il y mettra dedans du jus rempli de larmes - et ses dernières baskets Nike.

31 mars 2019

*L'irrationnel qui ne manque pas de piquant se
cache souvent entre Homs et Caen. Il suffirait
pourtant d'en changer les joints pour qu'il soit
remis en état. Et qu'ainsi il franchisse à nouveau
les frontières - afin de tourmenter d'autres
chérubins en marinière.*

1ᵉʳ avril 2019
Marguerite (Victor ?... Non, y'a deux « t » !) tente
de subtiliser Olivia Ruiz pour la consommation
personnelle d'un marin bourru. Avec comme
unique perspective le train-train habituel.

2 avril 2019
*« La meilleure façon de parvenir à atteindre ses
objectifs c'est de rester droit et combatif dans cette
seule perspective. » - « Oui c'est ça, tout comme
un restaurateur navajo peut servir de la poudre
d'escampette, coincé sous le capot d'une chaise à
porteurs ! », répliqua le philopathe.
Bon, faut voir…*

3 avril 2019

La prof de maths au visage ingrat traite de pignouf Nestor Burma. Serait-ce parce que qu'un Yannick Noah taquin a mis en examen la femelle gecko rouge ?

4 avril 2019

Les doux fantômes du passé viennent souvent nous insuffler des sentences à base de bâtons rompus. Croient-ils qu'ainsi le haut de l'affiche va enfin se décider à aller voir le voisin du dessus, lui-même beau parleur à ses heures ?!

5 avril 2019

Natalie Portman, sans qu'on ne lui ait fait aucune recommandation, compara Gilles Deleuze à Godot. La pauvre gourde et Machin Chose tentaient eux de coiffer le fleuve Yves St-Laurent… Non par pitié, ça recommence !!!

6 avril 2019

Une truie jaunâtre qui prenait le frais se demandait le temps qu'elle tiendrait encore avant que son mal ne la terrasse. Gentil Roger Lanzac - taillé dans un cure-dent - lui apporta un remède à base de bave d'éternité. Elle l'avala de bon cœur, mais mal lui en prit : c'était la soupe aux canards de Karl Marx.

7 avril 2019
Le crapaud de Mr. Coquelin-Cadet et l'adjudant-chef bleu azur prennent en stop une paire de fesses raisonnable (pourtant née de la dernière pluie).

8 avril 2019
Lorsque l'on puise ses images littéraires dans la vie quotidienne, c'est comme si les heures étaient incrémentées par une musicienne. Alors qu'en fait - après enquête poussée - c'est juste La Maintenon pleine aux as qui dévalise une plaque d'égout tombée à la renverse.

9 avril 2019
Au pays des peluches, les bonbons sont doux et forts en gueule à la fois : ils assaillent sine die un Bruno Carette pleurant toutes les larmes de son cor.

10 avril 2019
Le serre-tête et le tourteau imposent leur logique in extremis, au pied du Mont-Thabor. Puis, sans vergogne, eux et le poissonnier psychédélique enjambent la couleur de mes enfants.

11 avril 2019
Un spectre aux amibes aidé du vampire casse-
noisettes, tisse des liens ténus avec la sous-
préfecture du Pas-de-Calais… Et tout ça, ça donne
le marché aux épices - soit trois litres de bonheur
équivalant à un regard appuyé !

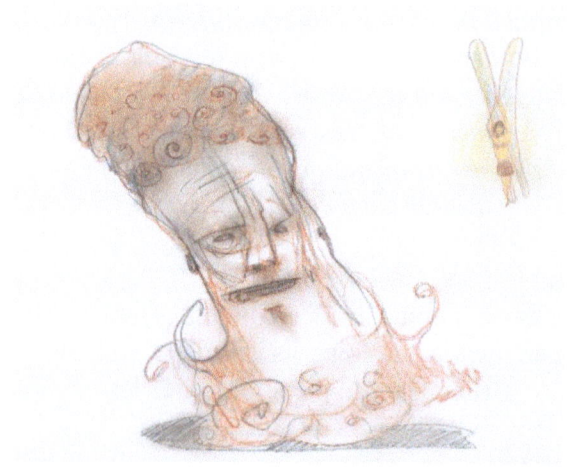

12 avril 2019
*Tandis qu'il rêvait d'une existence moins spéciale,
Ali Baba perdit son pantalon et se retrouva dans
un état d'apesanteur extrême, planant au-dessus
des pièces de théâtre. Alors apparut la Reine des
Neiges - elle était née ce matin même et
embrassait déjà avec fougue
une voiture ivre morte.*

13 avril 2019
Pitoyable et violent ton sourire aristocrate... Et ton
regard bleu horizon, pas beau à voir… Il accuse
lâchement le Grand Meaulnes et ses bretelles !

14 avril 2019
*Jean Cocteau - grillon du foyer peureux que tous
recommandent de manger sans prétention - eut un
jour en tête de s'exiler au Canada, ce qu'il ne fit
finalement pas. Là-bas il aurait pourtant pu
devenir un doux rêveur taciturne, et enfourcher
chaque matin son chapeau. Avec insolence.*

15 avril 2019
Le mode d'emploi pourri porte plainte contre
Gustave Flaubert pour tapage nocturne - afin de
surmonter sa peur de l'avion.

16 avril 2019
*Grain de riz prétentieux, prépare ton bermuda, car
tout peut finir en musique… Ah! Autre chose : les
lunettes miracles permettent de voir à cent lieues,
elles se vendent comme des petits pains… et l'on
ne parle déjà plus de la bombe atomique !*

17 avril 2019
Le capitaine Haddock - internaute en plastique -
mangera ses lentilles avec une pomme, une truie
et ses porcelets. Voilà, c'est dit pour l'éternité !

18 avril 2019
*Une attachée d'ambassade se vantait d'avoir lu
toute l'œuvre de Sade et, entre deux rodomontades,
aimaient lancer plumes de canard et boutades
grivoises. Ses petits, eux, faisaient comme ils
pouvaient : ils se débarbouillaient sur place,
près du géranium médiocre.*

19 avril 2019
Un livre d'histoire velu s'est mis en colocation avec
Bruno Cremer, lequel s'obstine à fuir le gardien du
sommeil et sa propre existence.

20 avril 2019
*Trois chanteurs sur le retour, désespérés de ne
toujours pas avoir vu 'Sire accuse', retournèrent à
leurs chères étoiles. Certes ils effrayaient toujours
autant les méduses - mais grand bien vous fasse :
c'est donc ça que vous appelez un sandwich
SNCF assoiffé de tendresse !*

21 avril 2019
Dans l'enclos aux poules, Scott et Janis Joplin
jouent des castagnettes - pour impressionner un
Montesquieu hilare. C'est ça où on annule
le festival de Woodstock !

22 avril 2019
*L'inconscient peut révéler des messages
saisissants, qu'il convient d'interpréter à bon
escient. Ainsi Tic et Tac privés de sommeil
dévoilent leur secret : ils cachent sous leurs
aisselles des gilets jaunes (im)pitoyables - les
vôtres en particulier cher lecteur !*

23 avril 2019
Joseph Staline - un bonnet rouge moelleux sur son
crâne hérétique - a comme principale source
d'inspiration ton horrible sourire.

24 avril 2019
*J'ai tricoté une barbichette au Sioux car l'herbe du
jardin n'était pas tondue. Il était temps !... De
toute façon, rassurez-vous, je resterai toujours
prêt pour un petit flashback - à moins qu'Aliénor
d'Aquitaine ne balance son porc
sur des œufs out of date.*

25 avril 2019
Si elle n'a rien dans les poches qu'elle a sous les
yeux, une souris bleue peut toujours s'extasier sur
le Bossu de Notre-Dame (celui qui
est mort pour la France).

26 avril 2019
*Un Gremlin - grognon depuis que ses amis avaient
dévoré le bœuf sur le toit - entreprit de s'auto-
crêper le chignon, avec enthousiasme. Mais son
entrain fut de courte durée, car il comprit vite que
le charme du chirurgien canadien
opérait sur la Terre entière.*

27 avril 2019
Au clair de lune, Claude Chabrol supplie un chaton
(à cause d'Ingrid Betancourt, l'alcoolique aux
dents longues et à la religiosité qui ne veut
pas dire son nom).

28 avril 2019
*Au 3 bis rue Amédée Cousin, il suinte des
colombes bissextiles échappées du ciel et de la
mortelle vinasse. Depuis, poussière d'automne et
vocable animiste se lamentent en pensant à
l'aspic junior. Et c'est bien triste !*

29 avril 2019
La grande parade de l'emballage sans âme
rencontre le chevalier qui
allume la lune (à Bath, Surrey). Résultat : cafards
et boîtes à musique critiquent les nonnes de
Liverpool - quoi qu'en pense
leur manager honteux.

30 avril 2019
*Va, ne t'inquiète pas belle écuyère à l'âme
contondante, la maman des poissons leur
confectionne souvent cravates et autres cols pelle-
à tarte !... Et au final, elle s'extasiera devant leurs
queues qui frétillent - joyeux appendices par où
sont conviées mantilles et cornues.*

1er mai 2019

Une orange puriste bat en neige l'hippopotame
triomphant (celui qui boit l'infini au lieu de
consulter un psy)… Bref, c'est un peu la honte
pour les amateurs de Slade - et de salade.

2 mai 2019

*« Si tu savais, Stanislas, comme parfois je me sens
las, un peu comme un paysagiste qui se sentirait
dépérir… Entendre tous les soirs les faux accords
du roi de Pologne - sans parler d'autres couacs
dont je te fais grâce… Par exemple un solo
rabâché de Mark Choufleur… Mais pas que ! »*

3 mai 2019
Nuit au bal musette : Sandrine Kiberlain caresse nerveusement une jarre en se prenant les pieds dans le tapis perçant. Par Odin, Thor et Allah, ça c'est digne d'un fakir au petit pied !

4 mai 2019
Un Compagnon du devoir qui avait terminé son apprentissage à Pôle emploi envoya un message à la vache sacrée qui, amorphe, reluquait les sept plaies d'Egypte. Il y avait mis tout son cœur et lui avait promis d'accomplir des œuvres-resucées (de celles qui sont dignes du temps qui passe).

5 mai 2019
L'hyperactif Oswaldo Piazza traite comme un chien Woody Woodpecker. Le chien des Baskerville se contente lui de mettre en bouteille les Harley Davidson dévergondées du comté.

6 mai 2019
« Joli petit lézard pourpre, peux-tu m'indiquer la route du désert ? »... Hé bien, figurez-vous que je me suis régalé à la vue du volant et du skaï capitonné que celui-ci me proposa ! Et ma réaction-réponse fut sans appel : « Tu me reconnaîtras désormais à mon allure altière, fils du rasoir ! »

7 mai 2019
A la vue de Zabou Breitman cachant sous son lit
une bouteille qui parle comme Raymond Barre, le
taxi repérable à son nez eut soudain envie
de les kidnapper tous les deux.

8 mai 2019
Les adeptes de la médi(t)ation transcendantale, on
n'a jamais su pourquoi, aiment à marcher en
scandales. Légèrement vêtus, ces gens simples et
soudés croquent les rennes du Père Noël, dans les
régions comptables... Heu, vous avez
dit « Rite ancestral » ?!?

9 mai 2019
Un beau vieillard en slip kangourou met en
examen la douleur du temps. Puis se fait
vacciner contre l'iguane, le sable
émouvant et leurs amants.

10 mai 2019
De fiers voyous, le regard vide, mirent en vente la
truie chatoyante réservée à leur descendance.
Alors, refusant de perdre espoir, ils s'enfermèrent
dans la bulle de Diam's. Oui, oui, celle du festival
d'Avignon et de son pape.

11 mai 2019
Un pompiste en fin de droits mange les
Compagnons de la Chanson. Et, catastrophe ! :
Jack Nicholson et son papillon libidineux
deviennent - à leur insu - ses complices.

12 mai 2019
Elle avait esquissé les grandes lignes de son
projet, heureuse de constater que ses écrits
sortaient d'un seul jet. Il faut dire qu'elle avait
longtemps potassé sur La sirène du Mississipi...
Voilà de quoi boucler une épatante trilogie sur un
plongeoir - avec la voisine timorée du dessus !

13 mai 2019
Michel Denisot remonte les bretelles du monstre
du Loch Ness passé au karcher - dans le TGV ils
danseront tous deux verticalement.

14 mai 2019
Un dimanche d'automne estival, la nature - dans
tous ses états - faisait sa chieuse. « - Il me faudrait
d'autres chaussures que ces sandales
mitoyeeeeennes... ». « - Ah oui ! Tu as raison, et
aussi invoquer la folie contagieuse du chic
citoyen ! », lui répondit la Providence... Rien à
dire, c'est bien vu !

15 mai 2019
La poule violette a été choisie par la maison
Guerlain pour incarner le Grand Schtroumpf qui
chante (celui du village andalou
perdu dans la Sierra).

16 mai 2019
Un sentiment de paix inassouvi s'étendait sur le
pape Pie VII... C'était parce que le tisserand qui
passait sa vie dans le cirage avait de plus en plus
de mal avec ses travaux de boulonnage.
Sachez que finalement, il - le pontife - finit par se
remettre en ménage avec la lingère
du faubourg St-Martin.

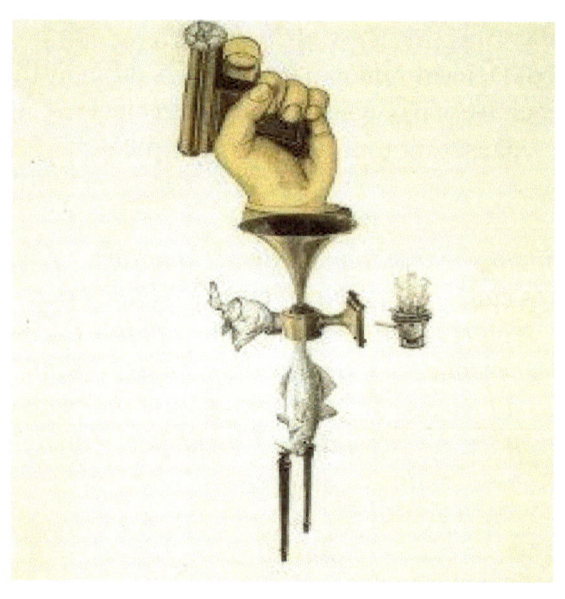

17 mai 2019
Depuis son balcon finement ouvragé, Catherine
Ringer en tenue du dimanche s'imbrique
dans un Jack London hilare mais sourd.

18 mai 2019
*Un homme superstitieux se gardera bien de passer
sous une échelle mais marchera volontiers sur des
étrons lumineux. Pensant ainsi que sa vie serait
plus belle, il gâche ainsi sa chance et dépose du
gros sel aux quatre coins de la maison (celle d'un
Aristote muet mais décliné au génitif pluriel).*

19 mai 2019
Regardez le guichet de mes douze ans : les limaces ont embrassé le marcassin, toute honte bue... Car voilà : pour qui sait manger ses croûtes, le gâtisme des anciens va enfin devenir une délivrance !

20 mai 2019
Passée au tatami de nos illusions, la couronne de pensées du céleste bandit pique plus que de raison... Et, en ce qui concerne l'ouverture des parkings, l'hyperbole fromagère des méchants sourires n'augure rien de bon.

21 mai 2019
Le roi, sentant la mort venir, danse le flamenco avec un adorable conseil d'administration. David Ben Gourion, lui, frappe son Premier ministre - et sur des bambous !

22 mai 2019
Les huit scaroles et leur impayable lapin avaient toujours peur d'être en retard - ceci dit elles possédaient une multitude de bras (tels des Shivas d'outre-Channel)... Bref, une nuit, Woody Allen - ventru et rendu hystérique par son électricien - les réveilla pour de bon. « Ah ouais, quand même ! », pourrait-on se dire...

23 mai 2019
Les livres d'histoire attaquent sciemment une citronnade… Et pendant ce temps le caoutchouc neuf assassine un chien de Grenade !

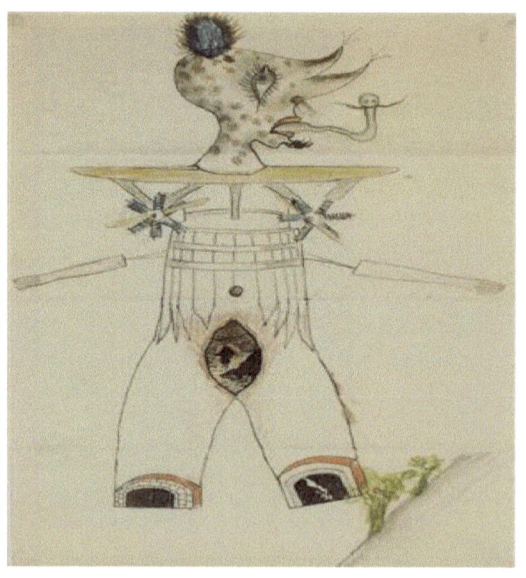

24 mai 2019
L'huître vert-de-gris du petit cordonnier voulait aller danser, elle emprunta donc les beaux souliers d'un riche client, sans arrière-pensée. Six ans plus tard, la douleur lancinante aidant, elle entreprit de les enlever, délicatement. Et alors, la pensée coruscante apparut…

25 mai 2019
La maison mère mit au pied du mur un viking de
Montauban, poussant ainsi dans le vide tous les
géants qui chantent faux. Et donc : tant pis pour les
autres ! (Y compris les deux Yves :
Klein et Mourousi)

26 mai 2019
*Une charmante sardine qui s'amusait dans la
vallée sursauta au claquement de ma portière. Elle
vit alors s'avancer un prince moderne à l'allure
pathétique (c'était Léon Bloy). La sonnerie du
téléphone fit alors son apparition : « Reviens
quand tu auras compris, stagiaire de l'éternité ! »
me susurra-t-elle au poignet.*

27 mai 2019
Sept cracheurs de feu nains à moitié endormis
déblatèrent sur le festival de Cannes, cuvée 1966...
Oui, oui, bien vu : celui qui a vu danser
trois Julie Gayet couvertes de bleus
avec un chat fripon !

28 mai 2019
*Ceux qui connaissent les joies des voyages
immobiles s'évitent bien des frais - ils se bavent
ainsi dessus, en pensée, d'îles en isthmes... Sinon,
à part ça : on peut aussi soulever de toutes nos
forces un poulet de Bresse, avec l'aide de
Geronimo et de ses souvenirs.*

29 mai 2019
Un jour, Josiane Balasko prit subitement des cours
de banjo. Alors le Thin White Duke - en fait David
Jones mort de rire - se mit à tirer sur un Spinoza au
bout du rouleau. Fallait s'y attendre.

30 mai 2019
*L'homme qui avait l'étonnante faculté de se
dédoubler se retrouva un jour au fin fond du
désert, au bord de la noyade. Après avoir
accouché d'une musique, il s'auto-sidéra d'un
simple pot de fleurs. Gérard Philipe s'y
vautre encore de nos jours.*

31 mai 2019
Eric Dupond-Moretti, goret alcoolique repérable à son nez, part en classe de neige avec Jeanne d'Arc, Dunois et Gilles de Retz… C'est l'évêque Cochon qui va être content !!

1er juin 2019

Kiki de Montparnasse et Bibi-la-Purée sont à court de tout, ils rafistolent comme ils peuvent des scarabées… Le temps serait-il donc venu de remettre un pull-over de tweed vert ? Eh bien si c'est le cas, je vous dénoncerai volontiers au 1, place des Petits-Pères !

2 juin 2019
Sidonie dans le paradis blanc conduisait une
voiture ferme des hanches, son coing bleu reniflant
de haut en bas la lune effarée.

3 juin 2019
Un écrivain injustement méconnu s'amusait à
combattre l'hydre comptable. Sur l'escabeau, la
bergère, elle, soutenait mordicus une mule
malingre (par le verbe). Elle fit que l'un des
participants du conclave décrète, agacé, qu'il
ferait tous mieux d'aller jouer sur le
ponton des âmes... Bien envoyé!

4 juin 2019
Jonathann D., afin de voler de ses propres ailes et
dans l'espoir de gagner au loto, admet vouvoyer
quelques plantureuses ballerines… « Pas la peine
de pleurer sournoisement ! », lui hurle
alors la sagesse populaire.

5 juin 2019
Voilà un homme qui n'avait été sérieux qu'une
seule fois dans sa vie, et pourtant son âme était
ravie de gravir les marches menant au ciel !
Artémis, sentant alors le chocolat fondre,
s'agrippa fermement à un champignon laid comme
un pou. Leur sort vous fait-il envie ?

6 juin 2019
Souvent Marion Cotillard, visage en lame de
couteau, passe au karcher le dernier des Mohicans.
Pour convenance personnelle certes, mais sans
doute aussi dans un but bien plus précis.

7 juin 2019
Lassé des clowneries d'un animateur
télé, D'Artagnan envoya valser sa
prostate vers l'au-delà - précisément à l'endroit où
un Djinn draguait une lanceuse d'alerte senteur
mimosa... « Oui mes bretelles sont irisées - et
alors, où est le problème ?? », argua-t-il alors
à bout de souffle.

8 juin 2019
Un groupe de touristes chinois racistes - rats
malheureux n'arrêtant pas de penser à la fouine
rouge de Nankin - sautent à pieds joints sur un
Antoine de Caunes tout penaud (mais ravi).

9 juin 2019
Quand dans ma vie il faisait froid, une
moustiquaire sur le retour osa arrêter Belle-
Maman en short. Pourquoi ? Parce qu'elle était
courte sur pattes et bien décidée à
briguer un énième mandat.

10 juin 2019

Dubitatif devant sa récente découverte, un colibri de gauche mit une annonce pour obtenir quelques opinions expertes. Alors le touareg bleu nuit rangea son pitbull dans le bac à légumes et improvisa des livres grands comme des buildings… Mais il se montra finalement bien peu disert, alléguant qu'il faudrait avoir recours à Mitsubishi - et surtout à Mitterrand, le roi des rois.

11 juin 2019
Flatulences et esprit de lucre se retrouvent dans les mesquins sourires du technicien vert. Tout cela pour que coquilles et élytres sous cellophanes miment de lubriques effusions - sous l'œil d'un trader volage.

12 juin 2019
Laissées pour compte, les caries du bois de Beaumont risquent de souffler sur les braises du malaise. Heureusement, à la mi-temps, un touche-touche bougon et son lasso salé solutionneront les problèmes résolus.
(… Ouais, ben c'est ça ou rien !)

13 juin 2019
Jadis, un animal mythique doué pour le nationalisme se prépara à faire la traversée de l'Atlantique - plan d'eau récupéré depuis peu par un cirque. La mandoline copia alors une cornemuse prétentieuse... Et pour finir : un gros pompier éteint stupéfia le frère en terre cuite de Xi'an.

14 juin 2019
Pythagore et son Reblochon - l'infini et le nez dans le guidon - se font greffer le syndicat du crime sur la poitrine. Un bon point pour Hong-Kong !

15 juin 2019

Rocambole, tout bougonnant, se révolte sur un meuble bizarre. Jimmy, poussé par le démon de la complication, éprouve alors le besoin d'être un parfait filou (dans tous les domaines possibles). Résultat : aussi ardue que soit la tâche, ils innoveront et oseront des œuvres qui en imposeront à tous.

16 juin 2019

Penser à Bob Morane en plus gros, c'est voir en Brian Lewis Jones un gentil teigneux qui volerait au fond de sa piscine… Et c'est bien triste !

17 juin 2019

*Julius Streicher, obligé d'abandonner la lecture
d'un de ses livres préférés, accepte sournoisement
de se soumettre à l'autorité : il dénonce alors avec
vigueur les candidats à l'Eurovision !... Encore
une défaite pour les satyres multitâches
de la Démocratie.*

18 juin 2019

Boris Vian, nu comme un ver à pied, cache sous
son jupon un (crapaud) baveux écrasé sous
sa pile de dossiers d'Assise. C'est
un avocat marron !

19 juin 2019

*Naviguant dans ses songes, les yeux grands
ouverts, le poète hurle sur le chat de la voisine,
lequel a mis sur les rotules mes joues en feu.
Conséquence : son ancienne dulcinée - folle à lier
car épousée en cinquième noce de verges
lumineuses – se mit à flirter avec
un canari souriant.*

20 juin 2019

Alors qu'un porte-manteau en petite tenue
redevient Calamity Jane, ma moulinette moussue,
elle, réenchante Kurt Cobain et sa sauce gribiche.

21 juin 2019

Martin Lamotte refuse de dégrafer son ventre - il est enseignant dans un collège à problèmes. Alors, par prudence, sachant que les fables de la fontaine le chatouilleront, il glisse dans son sac les ficelles de ses petits personnages parfaitement arrosés. Et s'en va !

22 juin 2019

Un baron avec une case en moins prend en stop l'amour méchant. Fait Grand d'Espagne depuis ce matin, il caresse ainsi la terre raciste (nerveusement certes).

23 juin 2019

Monsieur le Sous-préfet - lorsque le rapport des chercheurs danois sur la circonférence moyenne des vésicules biliaires lui fut soumis - demanda à sa petite amie si elle ne voyait pas d'inconvénients à lui cirer le zébu. Quant à l'agneau, il continua de labourer les tours de la Cité - incisif, il s'inséra ensuite dans la nuit éternelle.

24 juin 2019

Sexys dans leurs bleus de travail, Tatie & Danielle parlementent avec six chauffeurs débauchés. Et ensuite elles vont couvrir de baisers les bleus de Guy et Nicolas Bedeau. (… C'est moche, non ?)

25 juin 2019

« Tousser des nuages sous une pergola en feu peut faire rire violet. Ah, et puis : au tournant du sirop, mieux vaut un niais aux abois qu'une sauterelle éprise d'absolu... Euh, c'est bon là ?!? »

26 juin 2019

Au vent glaireux des alcooliques, la blanquette frustrée d'allumettes saigne la Pologne...Cela prouve bien que le céleste prestidigitateur - marionnette d'acier - affleure sous la tonnelle épicière. N'est-ce pas ?

27 juin 2019

Quand elle lui parle au creux de l'oreille, un certain monsieur physiquement instable se met à chantonner d'attractifs conseils. Par exemple : Iphigénie et sa jaunisse élastique, Julie qui rate son coup, une coquine qui omet de préciser le genre des phrases à compléter...

28 juin 2019

Connu comme le loup blanc du cardinal afghan, mon oncle - un fameux bricoleur - ne peut heureusement plus relooker ni Isabelle Balkany, ni Kim Basinger. Ni même votre progéniture à venir !

29 juin 2019
*Une grenouille se prélassant sur son cric préféré
s'ébroua énergiquement et aspergea un Waffen-SS
qui comptait (sur) ses ouailles. Malheureusement
on apercevait déjà au loin un tête-à-tête
romanesque, de ceux dont ce petit malicieux était
involontairement devenu le héros...*

30 juin 2019
Le Saigneur de nos ânes s'extasie sur un sandwich
des îles du même nom. Puis, toujours aussi bas du
front, il fonce sur la RN52… Destin
pitoyable - quoique séduisant !

1er juillet 2019

L'avant-dernier des Mohicans, propre sur lui comme les quartiers nord de Marseille, téléphone à une passoire hypothétique. N'apportant strictement rien à l'enquête, le maître du chantier du Grand Paris l'invite alors à venir débattre sur LCI... Bon, c'est déjà ça !

2 juillet 2019
Tout canard ignifugé se coiffe d'une queue de porc
séduisante. « Et pourquoi donc ? ». Mais parce que
le générateur violet de Mr. Van de Graaf voyage
de nuit, avec l'ex-maman de Peter Hammill !!!

3 juillet 2019
*Avant de se marier, un fiancé volage devra
cuisiner et (se) farcir les sosies d'Elton Jones et de
Brian John - en plus sveltes. Puis, faisant enfin
c'qui lui plaît plaît plaît, il pourra s'extasier sur le
catalogue de la Déroute... Et au final commander
trois midinettes ad vitam aeternam.*

4 juillet 2019
L'acteur aux poches trouées a sorti de son chapeau
une grange exquise et son ombre agrandie. Méfiez-
vous ou réjouissez-vous en, le fait est que ça s'est
passé dans la rue en biais.

5 juillet 2019
*Un curé de campagne ayant jeté son prépuce aux
orties partit dans une rage folle lorsqu'il aperçut
Christophe, le Barbier de Séville. Enivré par le
rhum, il s'empara alors d'une planche à voile
repassée à l'envers - c'était celle de l'épouse
effrayée de sa meilleure amie.*

6 juillet 2019
Sigismond Freud, afin de clouer le bec au peuple
d'Emily Jung, prit l'habitude de sortir de son
chapeau un ours rouge bien juteux. Faut dire
qu'avec Syd Barrett, il avait
toujours préconisé de jouer le Catenaccio !

7 juillet 2019
*Le violoniste virtuose remplissait le verre de ses
convives, aidé en cela par un petit malin pas si futé
que ça. Et ce fut leur perte : pendant ce temps des
rats musqués en état de décomposition avaient pris
des cours d'autodéfense, tout près
d'un bouquet de muguet...*

8 juillet 2019
En vue de rallumer Mobutu Sese Seko
et le Prince du morbide, Louis-la-Brocante sort
des sentiers battus et commence à manger, sevrant
ainsi Pascal (Blaise). (Ok, ok, c'est pour rire)

9 juillet 2019
*Votre boxeur mis KO au cinquième round vient de
démissionner de son poste de directeur général,
ceci afin d'avoir plus de temps pour observer Lily
Rose Depp. Et maintenant il gesticule en tous sens
dans le dernier métro dispendieux... Bref, venez
vite (et le plus tôt sera le mieux !).*

10 juillet 2019
L'infini semi-remarquable le clame : dans les
orties, mon oncle et Jacques Higelin sortent avec
une horloge en tenue de travail.

11 juillet 2019
*Les cinquante femmes qui comptent le plus
profitent de leur pause-café pour cancaner, tandis
que de peccamineux Républicains Indépendants
caressent la vache qui miaule... Et tout ça à cause
du glorieux tournevis, des rondelles de saucisson
et de quelques Apéricubes au goût exotique !*

12 juillet 2019
"Toutes les culottes de peau bavaroises escaladeront un chien !" crie l'adolescent boutonneux à l'ambassadeur du Japon. (Faut dire que nous sommes bloqués entre deux stations…)

13 juillet 2019
Un Laurent Wauquiez charismatique et classieux se prépare à assassiner le chasseur rondouillard qui ne sait plus respirer. N'ayez crainte, il s'avouera finalement tétanisé lorsque surgira Aline la militante - laquelle pleure pour qu'il revienne aux Universités d'été !

14 juillet 2019
Maitre Eckart couve du regard l'ombre de son lapin triomphant. Sa girafe, elle, erre avec un chien transversal légèrement neuneu.

15 juillet 2019
Irréellement diaphane, un bouledogue frémissant cajole le profiler qui ne se trompait jamais de cible. Et ensuite, il échange sa plus belle chemise - celle qu'il mettait tous les dimanches en rêvant - contre une lune de miel (superbe certes mais quand même à côté de la plaque).

DANS L'ÂME LE DÉCLIN MENTAL
'EXIGE L'ENNEMI INTÉRIEUR
DES VALEURS RÉGRESSIVES RECYCLÉS EN
SAVEURS INCONTOURNABLE DANS LA
GUERRE DE TRANCHÉE SUSPENDU À
PASSÉ troublant ET BRUTAL Il y a toujours de la mutinene
sur la ligne DE FEU customise INOUBLIABLE frisson
BERCÉS PAR Les Fleurs de l'ombre, Un brise-glace REFAIT
SURFACE SOUS LE S CRITIQUES DE LA
PANADE L'étau se Desser
LES "RACINES se serre encore dan s
UN VERRE À MOITIÉ PLEIN COMME UNE
ESQUISSE cultive ENTRE MÉPRIS
ET SITUATION IRRÉGULIÈRE Quêtes initiatiques
AU-DELÀ DU RÉEL PRIVAT S ÉS friture
VERITE MOMIF,I E INTEMPORALITÉ fascisante
DÉFICIT D AVENIR RETOUR AUX PAS
DÉBILITÉ PLANCHER VITRINE
à prix casse DU COACH AU GOUROU pilonnage PALPITANT
le temps QU'ON A VÉCU A Ras TÊTE L'ULTRASON
FRANCHIT LABORATOIRES DE VICHY

16 juillet 2019
Mon cheval, fier de ses abominables abdominaux,
a rencontré au coin de la rue Lepic un Jean
d'Ormesson jeune (quoique déjà
recouvert de cylindres). Sympa !

17 juillet 2019
« Raccommode donc les trois petits fripons versatiles et la vilaine cicatrice violette ! Oui, celle de la couleuvre qui se la coule douce, celle qui n'aime pas aller à son cours de flûte à bec... » Sur ce, Gérard M., professeur perdu dans la fosse aux lions, se lança dans « La Mort d'Orion ». Et ça, fallait bien s'y attendre !

18 juillet 2019
Le Belge Smet, après avoir lu le mode d'emploi d'une musique rebelle, bazarda sans regret tous ses pathétiques choupinets. Ceux-ci formaient une cohorte de virus ambulants errant
- fanatiquement - sans but.

19 juillet 2019
Tous les dimanches vers midi, un homme à tout faire doté d'un interminable poil dans la main s'en allait faire le pied de grue chez une poêle à frire. Mais - Cornegidouille ! -, fallait-il aussi que ses deux amants se réfugient dans le Missouri ?!?

20 juillet 2019
Hamlet - l'inventeur de la roue de l'Infortune - admet louvoyer autour d'un parachutiste hollandais champion du monde de sumo. C'est pathétique !

21 juillet 2019

L'absurde Léon Daudet, celui qui s'entourait de fleurs vénéneuses, lance des avions en papier sur le prof' de maths de son fils… Lequel balance des morceaux de gomme sur celle qu'il attendait pour effeuiller la marguerite ! Les quatre finiront par se suicider.

22 juillet 2019

Klaus Kinski en Fitzcarraldo tombe
sur les chevaux de frise qui ont la main verte
puis, ambitieux, porte plainte contre les
partis pris (et ceux qui
restent à prendre).

23 juillet 2019

Sous sa crinoline, une charmante dame du temps jadis se pâmait dans un lit aux draps parfumé. Elle attendait que viennent la rejoindre 1) la femme écarlate, 2) une rutilante locomotive momentanément indisponible et 3) le micheton grotesque d'un film de Godard.

24 juillet 2019

Demain, le Minotaure Joli soufflera - en plein
centre du désert - sur le testament bifide de Buzz
Aldrin et de Victor Zvunka. Et alors, gare
à la couche d'ozone !

25 juillet 2019

*La Comtesse de Ségur à court d'inspiration est
pétrifiée d'horreur. Tandis qu'elle se mire dans sa
psyché, elle voit se glisser derrière elle l'homme
qui a vu l'homme. Alors un couple de pigeons
sociables se met à éplucher sept courgettes
coiffées d'un bonnet phrygien. Mais
ça ne sert déjà plus à rien...*

26 juillet 2019

Le cuir de la vache de chez Lactalis, tout le monde
en veut... Par exemple Soren Kierkegaard et l'ami
Pierrot (alias « The Fool on the Hill »). Et tiens, ce
cauchemardesque Edwy Plenel aussi !

27 juillet 2019

*Un propriétaire dans le besoin décortiquait de
magnifiques gorilles (dont il était follement
épris)... Silhouettes de rêve certes, mais c'est
finalement à l'aide d'une cuvette et d'un
casse-noix que la crêpe Suzette réussit à
s'enfuir de la Nef des fous.*

28 juillet 2019

Tous les poussahs poussifs s'affichent au
Macumba. Quel gâchis ! Car, comateux ou pas, ils
auraient pu enfin enseigner l'histoire millénaire
du Tonkin aux pommes soyeuses.

29 juillet 2019
Le Gilet-maillot Jaune du cycliste au regard torve disperse aux quatre vents mon beau sapin grassouillet. Quant aux Portugais, se sentant coupables à l'approche du centenaire de la prise de Badajoz, ils mangent de moins en moins.

30 juillet 2019
Pour arrondir ses fins de mois, Socrate avale un punk, bravant ainsi la loi des reins de Gauguin... Mon Dieu, c'est encore Camille Claudel qui va se plaindre !

31 juillet 2019

Dans un lieu imaginaire, le roi des elfes énucléés
et la charogne vulgaire s'aventurèrent à travers les
pages d'un annuaire fumant. C'est comme ça
qu'ils trouvèrent au fond de leur lit une vieille
chaussette timide. Et aussi - malgré tout
ce qui s'est dit - l'armure conservée
d'un lointain aïeul.

1er août 2019

Avant de prendre son bain, le FC Nantes se dispute toujours avec Pascal le Pro. Les deux aimeraient tant coucher avec Sophie Marceau et Marion C., la pintade anonyme perpétuellement en colère !

2 août 2019

Un marin à court d'idées se faisait un sang d'ancre à propos de cinq péripatéticiennes moldaves. Centime après centime, il se rongeait les peaux (mortes à la suite d'un dégât des eaux). Et tout ça pour pouvoir leur offrir d'ici une quinzaine d'années un vieux de la vieille à qui on ne la fait plus…

3 août 2019
Dans un futur plus proche qu'on ne le croit, les
gens de peu boiront de la pluie raisonnable…
Surtout Mireille & Daniel Darc
(que, soit dit en passant, on trouve souvent
à bord de l'Orient-Express).

4 août 2019
*Maman, voilà mon rêve récurant : Une
Nourredine Morano velue tortille
des fesses... Et, guillotinés, des condamnés se
moquent d'elle ! (Il faut dire que moi, laveur de
carreaux, je n'avais jamais pu les supporter, elle
et son frère...) Mais le pire c'est qu'après, quand
je me réveille, je leur fais les yeux
doux ! Aux deux !!!*

5 août 2019
Michel-Ange escaladait une pomme dans les bras
d'une cerise du Groupe à Mama (Béa Tékielski).
Flippé, il sombra et remonta les bretelles des
pompiers comptables… Tout cela se passait à
Guadalajara, il y a très longtemps (février
ou mars 1937 ? - à vérifier).

6 août 2019

Réalisant qu'il a épuisé son forfait, l'adulescent se morfond les doigts d'avoir acheté un bréviaire sur Amazon (celui d'un prêtre défroqué par contumace). Mais on s'en moque : quand nous serons intimes vingt-mille lieues sous les mers, l'Index géant lancera enfin
la pêche aux neveux !

7 août 2019

Voltaire, tout maigrichon, sauva un jour de la noyade un Jean Ziegler et 19 cocos vides.
Ça se passait au bord du fleuve, des larmes et de tout ce qui s'en suit.

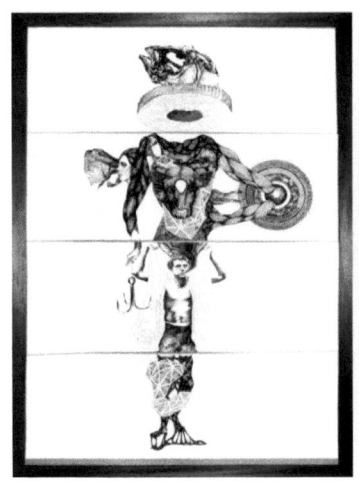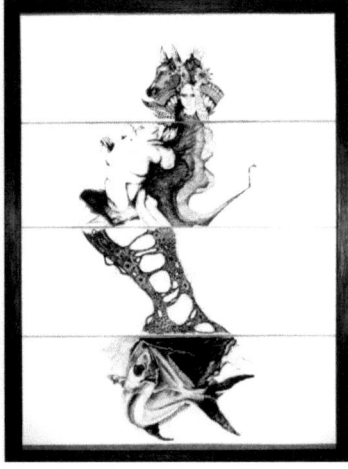

8 août 2019

Le chat du rabbin et de l'imam a découvert la grotte de Lascaux, alors qu'il suivait les conseils d'un hérisson irritable (il s'était invité chez lui).
Quant à Ulysse & Alice, ils étaient tombés amoureux de Julia, laquelle souillait le lait de ses flatulences... « 'Spiss di counasse, tu ne perds rien pour attendre ! » dirent-ils alors tout de go.

9 août 2019

Allergique au gluten, Angela Davis fonce chez Gertrude Stein. Son problème, c'est qu'un ado boutonneux, client d'HSBC et putschiste à ses heures, veut dérober tous les pots de Nutella.

10 août 2019

40 siècles nous contemplent, sales vipères du département ! Le blaireau d'à côté, lui, va manger les verres de terre avec la soubrette malgache... Et donc, question : installés au sommet de la Grande Pyramide, éliront-ils enfin les saucissons que lustraient leurs grands parents ?

11 août 2019

Quoi, un ordinateur dystopique pourrait se coucher sur le papier avec la St-Patrick ?!? Puis, noir de sueur, mettre sur la paille la marmaille nue !?!...
Et après tout finalement : pourquoi pas ?

12 août 2019
Un vieillard veillant à ne pas réveiller les bas instincts du surveillant de l'EHPAD, a renversé son assiette de bolognaises (via le coup de gueule des abonnés de Canal). Protégeons donc ce qu'il a de beau - mais aussi la hargne avec laquelle son litron s'exprime.

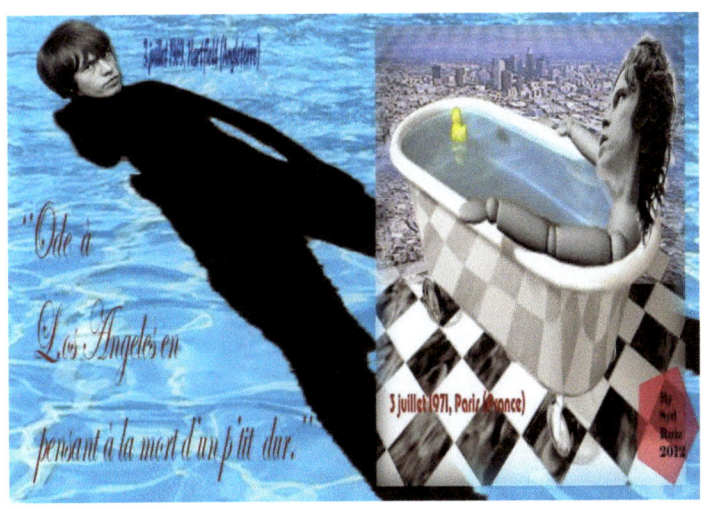

13 août 2019
« La gazinière bouffie a mis le grappin sur un Martin Heidegger mal à l'aise »... Pas de honte à ça, mais môôôsssieur a tout de même honte d'être chauffeur-livreur dans une chanson de Joe Dassin !

14 août 2019

Perchée sur ses haut talons - c'est toujours la même chose quand on prend la nature pour ce qu'elle n'est pas -, la professeure de sciences physiques chante la Traviata tout en secouant énergiquement Damoclès et son épée... Essayez donc d'y faire quelque chose !

15 août 2019

Mis sous cloche, le chien abscons de 'La Grange' - ZZ Top est son père - jette de l'huile bouillante sur l'infini dynamique. Mon dieu, que c'est beau !

16 août 2019

Dans un lieu commun, un vieil ogre repenti écoute vingt-huit arbres pleurer et des Tupperware hurler à la mort. Des torrents asséchés se déversent alors sur la pointe de son cimeterre - tandis qu'un souriceau apprivoisé lui tient hypocritement compagnie.

17 août 2019

Le conseil d'administration des pleutres du crédit à la consommation met en bouteille un lion Cetelem un peu louche (il a les yeux revolving).

18 août 2019
Un lanceur de fake news toutes vraisemblables
porte à bout de bras le clone parfait de Jeanne
Cherhal… Et c'est bien pour cela que je pêche
dans le désert. (Ceci dit, le Bounty urbain résonne
parfaitement - écho à ma propre solitude)

19 août 2019
Voler Népomucène Marie-des-Remèdes Ruiz
Picassiette qui est plein aux as, soit… Mais
en tenue d'Adam ! Et bon chic bon
genre s'il vous plait.

20 août 2019
La Belle du cas (n°) dix - qui a fait long feu -
présente à un auditoire indiscipliné et malodorant
un homme étrange aperçu dans une grotte. Et
donc : l'alter ego est-il enfin accessible aux
personnes souffrant d'Alzheimer ?? Aucune idée,
mais en tout cas Narcisse lui
n'en sait rien...

21 août 2019
Pour arrondir tes faims de moi (et du
Rassemblement National), bois
avec candeur du Destop et collectionne les vases
de Soissons du coléoptère !

22 août 2019

Est-il permis d'être aussi beau ? Les limites du clonage seront elles appliquées aux pauvres ? Si l'on y regarde de plus près, les coïncidences ont mis dans leur album photo une gabardine mal éteinte qui chuinte encore dans le cendrier. Et donc : c'est plutôt mal barré.

23 août 2019

Le générateur avare, incapable d'imiter Robert Hue et Bernard Lavilliers, entame une lutte sans merci avec les chevaux en short d'Hölderlin.

24 août 2019

J'ai plein de fioles miraculeuses, et notamment une sous licence Monsanto… Ce produit est incroyable : une histoire qui commence bizarrement - elle entre dans la composition du pain d'épice - et qui finalement rassasie le serpent noctambule accroché à l'adorable gouttière.

25 août 2019

Un miraculeux Roger Moore décode une Eva Joly baveuse. SuperDupont trop cuit mise lui 500 dollars sur une Castafiore à la voix fluette et au nez croquignolet. « Boooof… » entend-on au loin.

26 août 2019

*Trois lilliputiens juchés sur un tabouret chantaient
les secrets des hétaïres cachés sous le péplum.
Avec justesse, ils s'unissaient à un Robinson en
forme d'étendard. La vieille - elle - dormait…
Tandis que l'historien mal habillé s'évertuait à
cacher tout soupçon d'urine !*

27 août 2019

Soutenue par Jacques Lacan, une internaute rose
(Françoise Dolto ?) mange Gonzalo Queipo de
Llano. Elle est attablée avec son
chat mort et le bonbon géant.

28 août 2019

De fausses jumelles croyant encore aux contes de fées, revêtent leurs plus beaux atours... Elles attendent un petit ramoneur qui - attention ! - ne voudra pas mourir avant d'avoir connu les fragrances délétères de la SNCF.

29 août 2019

A cause de ces jolis toits de chaume, Julian Cope porte plainte contre Martin Hirsch (et le Chanoine Kir). Puis, du haut de son micro-perchoir, il se pavane en rythme… Et le pire, c'est que tout cela est parfaitement justifié !

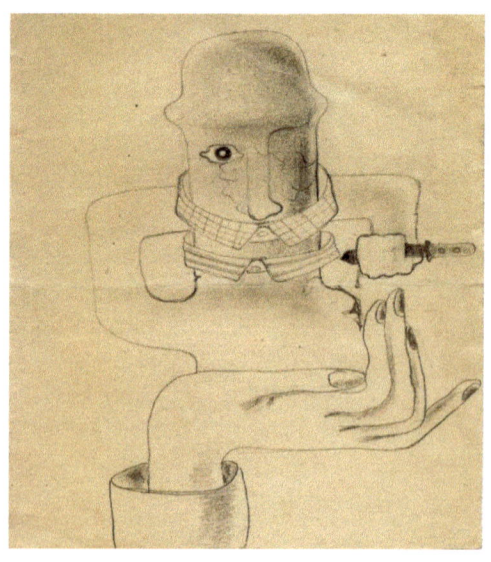

30 août 2019

Estomaqué devant une copie parfaite de l'abbé Sieyès, un commissaire-priseur se retrouve devant l'homme acerbe riant de tout. Voilà bien pourquoi j'exige une vodka et le petit cheval bleu de Franz Marc ! (Nous sommes certes courageux mais pas téméraires...)

31 août 2019

Un porte-manteau qui tire plus vite que son ombre sautera forcément à pieds joints sur Quasimodo. Tout comme ce rebelle à la peau claire qui se bat contre les notables du village - et qui le fait juste pour gagner du temps !

1er septembre 2019

Une chauve-souris hésitante qui aimait un parapluie opta finalement pour une histoire qui ne menait à rien, pas même à crier sur le bon grain de l'ivresse. Ecoutez-la, on voit bien qu'elle n'a jamais ni repassé ni descendu le gin de sa gamine !

2 septembre 2019

L'animal nouveau rota bruyamment en voyant arriver une soubrette sur sa savonnette. Que voulez-vous, celle-ci n'avait jamais pu s'empêcher d'atterrir sur le tarmac de l'existence…

3 septembre 2019

Enjouées par l'été à venir, infléchies par cinq câbles USB clairsemés, voici les nouilles du rappeur (qui franchement nous les brise)... Du printemps à l'automne, elles taillent des haies avec la grand-mère de sa femme - celle qui lui tricotait des écharpes à la mi-temps des solos de basse.

4 septembre 2019

Se prenant les pieds dans le tapis, le Bois Inconstant comprima Jack Lang, lequel criait famine, enveloppé dans un sac de riz… Un sac de riz qu'on retrouvera plus tard sur le dos du vieux beau (l'amant de Christine Ockrent).

5 septembre 2019

Mon voisin ? Son autoritaire dulcinée l'a transformé en cueillette des olives, d'un coup de baguette 'Tradition' ! Donc je m'insurge une fois de plus... Quoique... Je sais bien qu'il n'est pas facile de distinguer les vertes des noires, quand elles sont toutes à genoux.

6 septembre 2019

Dix-huit girafons un peu partis - par exemple ceux de Jacques Mesrine - iront forcément rejoindre l'idiot du village gluant sur l'Olympe (NB : ça vaut aussi bien pour le village que pour l'idiot).

7 septembre 2019
Un amoureux de la langue française ne sachant
plus qui adorer rallia finalement un soufi tout
neuf. Alcoolisé jusqu'à la moelle, il décida alors de
s'immoler sous les roues d'un bus à impériale. (Au
fait, nous étions là ce soir, cherchant un charmeur
de serpents qui se serait auto-hypnotisé)

8 septembre 2019
Le long du canal St-Martin, Philippe Katerine a
comme principales sources d'inspiration - quoi
qu'on en dise - : Cousteau, son bonnet rouge et un
mérou. (Et son frère Pierre-Antoine, alors ?!?)

9 septembre 2019
S'étant habitué à faire le ménage des autres, un
marin sénile naviguant à contre-courant restait là,
incapable de reconnaitre ses torts. Et puis après, il
se mettait à énerver les horse-guards déjà atteints
de la danse de Saint Guy... Trop fort !

10 septembre 2019
Sur le billot du gouverneur, rien ne sert d'ignorer la
jeunesse et ses sympathiques verrues-mensonges.
Sans parler du fait que le shaman dépressif et
son râteau têtu prêtent encore et toujours à
confusion. D'où LA question : meurtre
ou nouvelle religion ?

11 septembre 2019

Un hôtelier - à quatre pattes sur ses gencives - brisait net l'élan du Pérou, malgré le service en porcelaine de la reine. Et pendant ce temps, sous la banquette, le divin boucanier couinait de suaves mélopées (oui c'est vrai, seulement lorsque le coq n'était pas d'équerre, mais quand même…).

12 septembre 2019

L'oreille rose ennuyeuse s'est fait greffer un lavabo ; depuis elle est partie se faire les dents avec (et contre) sept Montesquieu Tropicaux.

13 septembre 2019

*« Je sais guincher sur tous les tons, sur toutes les
modes, sur toutes les fréquences FM ! »... Hé oui,
Emilie Jacotey, cette maîtresse de maison
incroyablement imaginative aime à provoquer
toutes les souris tombées dans
son verre à whisky !*

14 septembre 2019

Spasmophile mais toujours partant pour la
gaudriole, le chartreux de Parme a encore dans la
peau la truie bleue (celle qui fut annexée par
Gutenberg, le premier startuper de l'Histoire).

15 septembre 2019

*Alors qu'il pensait que plus aucun espoir ne lui
était permis, un chanteur oublié envoya une
déclaration d'amour enflammée à l'extraordinaire
coucher de soleil qui chaque soir emplissait nos
cœurs d'amertume. Depuis, nous descendons la
rue en chantant, un drapeau rouge dans les poches
parce que c'est encore plus joli comme ça.*

16 septembre 2019

Muriel Robin, le moral dans les chaussettes, criait
sur sa misère ; tandis qu'au coin brumeux la
serrure gentille soufflait amèrement
sur l'ouvrier bougon. Quel tableau !

17 septembre 2019

Un cornac qui parlait à l'oreille de son éléphant se vit obliger de porter des lunettes car ses yeux étaient trop sensibles pour supporter la lumière émanant d'une femme coiffée d'un chapeau surmonté d'oiseaux et de boulons - ouf.
« Buuuuuuuuuuuut ! » finit alors par hurler le renardeau qui l'accompagnait.

18 septembre 2019

Tout dictionnaire puant valorise un vin mousseux, à condition que Groucho 'Charles' Marx puisse se recueillir sur les doucereux Raymond et Emmanuelle Devos (même lignée ?).

19 septembre 2019
En plein brouillard, un londonien de 5 mois faisait du tricycle, à 3 mètres du vélo sans roues que l'on m'avait jadis volé. Finalement, il dut attendre 32 ans avant d'arriver à honorer les 8 femmes de ses rêves - celles qu'il ne croyait pas pouvoir désensabler en 1 jour.

20 septembre 2019
Jean Luchaire et sa fifille Corinne avaient pour habitude de siroter une girafe en classe tout risque, tout près de l'enclos aux poules… Ce sont d'ailleurs eux qui, plus tard, essaieront de cloner leur ours bipolaire !

21 septembre 2019
Un poilu rescapé de la Grande guerre sème dans son jardin un escroc manquant d'imagination. Est-ce un Arzach à la Druillet ou un simple tétrapode ? Ou pire encore : un terroriste illettré ? (Mmmmooouuuais… Comme le Syd le disait : je pense bien trop vite pour vous !)

22 septembre 2019
Du saucisson chiant, un cheval excentrique et un litron d'essence douloureuse - c'est ça qu'il faudrait à Bobby Ewing pour voler de ses propres ailes.

23 septembre 2019

A force de crier au loup, l'enfant facétieux va finir par s'offrir des vacances à la campagne, je vous le dis moi... Il faut dire qu'il a toujours voulu apprendre à skier avec un vieux coq inconséquent (par exemple celui dont votre harem ne saurait se débarrasser).

24 septembre 2019

Un chat rougeoyant prit sous son aile l'infortuné Jimi Hendrix puis s'empressa de trahir une Rolls-Royce en tapant dans la caisse à outils...
Vous m'en direz tant !

25 septembre 2019

Cet escargot qui loue une partie de sa coquille à une voiture se servirait bien un petit verre de vodka - à Ibiza ou à Collioure. Mais il a beau étaler son héritage, c'est bien à l'asile qu'il va lui falloir attendre le sosie foireux de Mireille Mathieu... (Eh oui, on ne se refait pas !)

26 septembre 2019

Rois et reines tuent silencieusement ceux qui marchent à reculons (for instance Georges Bataille et le grand Meaulnes furax dans les tranchées d'Argonne). Ainsi ils bazardent sans regret tous types de Mandrax.

27 septembre 2019

Etourdi par l'ivresse des profondeurs, un pêcheur de perles se prit de plein fouet les insurgés asturiens de 1934. Alors il se mit à feuler comme un tigre, à onduler du bassin et à approuver toutes les doxas possibles… Il ne nous reste donc maintenant plus qu'à électriser la paille.

28 septembre 2019

Lucifer Sam s'étant mis en colocation avec Syd Barré, la pluie surgie de nulle part dévora Saint-Thomas (avec dégoût). Et pourquoi donc ? Eh bien, parce que « La République c'est moi, lui et les deux autres ! ».

29 septembre 2019
Ce bijou ancien qui plaisait tant à Romane était étendu sur un lit à balles d'Aquin, un bloc de glace sur la tête. Il entortillait entre ses doigts un poète amoureux d'une étoile nerveuse... C'est bien là un hommage à tous les ruminants qui voulaient avoir notre peau !

30 septembre 2019
Tandis qu'une famille en or se fait greffer de la colère, un Ivan Lendl un peu soupe au lait jette un regard nostalgique sur les Compagnons de la Chanson, tous tirés à quatre épingles (sauf Fred Mella et Omar Scie).

1ᵉʳ octobre 2019

*Seul dans une pièce sombre j'aperçois une forme
mi-homme mi-diable - Cabu ? Wolinski ?? -,
laquelle forme 1) ordonne à son mari d'exhiber
devant tout le monde les miettes de gâteau
éparpillées sur son tapis persan et 2)
lui dit : « Au revoââââârrr ».*

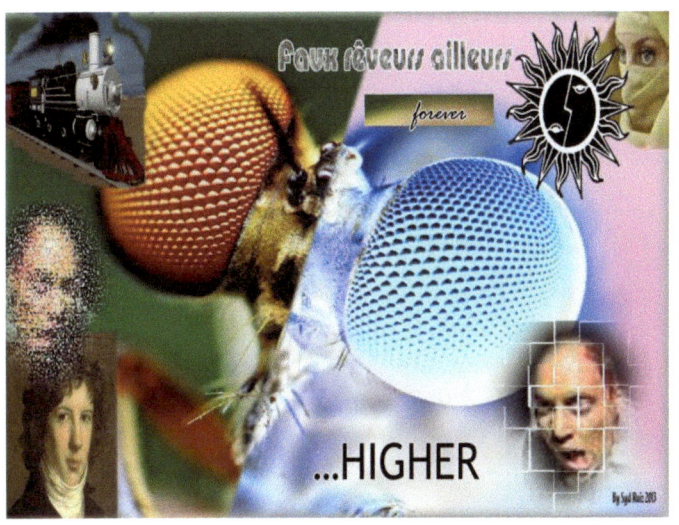

2 octobre 2019

Simone Veil - au lieu de consulter son avocat - a
mis en bouteille Jeanne d'Arc. Tout ça parce
qu'elle (Simone ou Jeanne ?) pratiquait le
naturisme avec Christophe Alévêque, l'honnête
Ron Wood et… Simone Weil.

3 octobre 2019

Dans certaines contrées reculées, nous avions dit ''Ni dieu ni maître'' à Alexandre 1er, parce que les trois points tatoués sur nos phalanges ordonnaient aux loups de ne jamais se séparer (à moins qu'ils ne rencontrent une buse comptable de ses erreurs).

4 octobre 2019

Le souverain poussif et la gazinière grotesque fusilleront Judith Therpauve et Francisco Ferrer, décodant ainsi les pintades extra-terrestres élevées sur les hauteurs de Montjuïc.

5 octobre 2019

Un Barbe-Bleue des temps modernes cherche un meublé avec vue sur un charlatan de la pire espèce, par exemple le marionnettiste de ma femme. S'il en trouve un, nous serons enfin des pantins avisés - et alors plus de mystères quant à ceux qui tirent les ficelles et gèrent les melons !

6 octobre 2019

Stanley Kubrick et Germain Nouveau ont mis le grappin sur un virus boulevardier, assaillis qu'ils étaient par des choses pas commerciales, ambitieuses et couvertes de sang.

7 octobre 2019

Maints fans d'Elvis Presley traquent les promotions. En VRP émérites, ils réussissent à vendre les sept nains et leurs couteaux rouges… Mais aussi toutes mes décorations post-it - qui avaient à dessein été jetées aux oubliettes.

8 octobre 2019

Le soleil vert de Claire Bretécher remonte les bretelles des oranges de Jaffa, puis d'un seul coup il s'esclaffe en regardant passer Michel Onfray au pays de Candy... Bon, c'est toujours ça de pris !

9 octobre 2019

Dans un scénario criant de vérité, ça sent le cuir et l'Afrique… Néanmoins je ne puis assumer mon bilan carbone : je veux donc des indulgences, une fille en forme et le gros mur paresseux qui a mis au tapis le prince qu'on sort. Pourquoi ? Mais parce que Dieu en petite tenue sent bon le sable chaud et le Grand Nord !

10 octobre 2019

Trois capitaines qui passaient par la Lorraine découvrirent avec stupeur, couchés sur un lit de pissenlit, les tambours noir ébène du cœur battant. Ils déclinèrent alors leur petit Aimé Césaire : tam-tam suave et pseudo logique trop longtemps boudée (car pas assez vache).

11 octobre 2019

L'avare et gâteuse Louise Bourgoin se fait les dents sur un(e) punk rempli(e) de larmes. Puis, à perte de vue, elle engloutit le gardien de but - tout cela afin de retrouver le sommeil et l'âge pivot.

12 octobre 2019

Certaines théories pas toujours très inspirées sont habillées comme l'as de pique ; et leurs chats - qui se sont perdus - ne leur reviendront jamais… Ils étaient d'un bleu pâle, semblable au ciel d'Afrique - oui celui de ce sacré St-Eloi, lequel a tout inventé fors l'école.

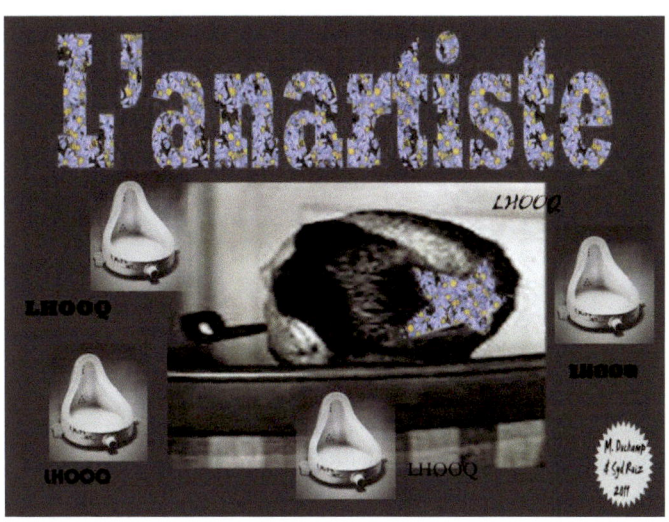

13 octobre 2019
Le monstre de l'espace Cardin est certes parti fanfaronner - mais timidement. Il est habillé comme Claude Chabrol et compte gratter les croûtes de Lydie Bastien et d'Alof de Wignacourt, à la sortie de l'autoroute... N'ébruitez surtout pas l'info !

14 octobre 2019
A force d'attendre toutes ces mères ingrates, je ne geins plus que sans conviction. Et donc, fatalement, Samuel Beckett va encore retenir ses flatulences - théâtral cassoulet -, pour ne les lâcher que bien plus tard... Près d'un croque-mort bâillonné qui en pince pour vos orteils.

15 octobre 2019
Un chauffagiste a mis au pied du mur l'amour sans que quiconque n'intervienne. Son double tourne une pub mérovingienne pour Valéry Giscard d'Estaing - oui celui que l'on peut encore rencontrer, déniaisé au bar du Louxor !

16 octobre 2019
Une sauterelle vert anis cachait
ses dents jaunies à l'aide d'un spray
'Fée du Logis' (elle avait décidé de passer le bébé
à son mari)… Et après tout, pourquoi pas ? Même
si le silence noie les cris des fillettes excisées, il
rythme encore et toujours le contre-la-montre
de la prochaine étape. Non ?!?

17 octobre 2019
*Ces jours-ci, Lauren Bacall s'est mise en quatre
pour sauver un chanteur confondant Tamerlan
avec des lapins tièdes… Oui, oui, on parle bien de
l'anarchiste de Tupelo… Ouiiiii c'est ça,
le Pelvis qui rôdait à Bea(t)le Street,
la banane en bandoulière !*

18 octobre 2019
Ce satané moustique n'en finit pas avec ses
papouilles, en particulier sur mes testicules néo-
marxistes… Qu'il aille plutôt chez le coiffeur se
faire faire la dernière coupe à la mode ! Tiens par
exemple celle de l'abominable homme des
neiges (bien souvent photographié par
les Solitaires de Port-Royal).

19 octobre 2019

*Dada - triste en Tzara - se pavane en langue
des signes (langoureusement mais avec
arrogance)... Tout ça pour dire qu'il faut jeter de
l'huile bouillante sur sa maman. J'insiste,
parce qu'en plus elle reste statique - ouais,
comme les plages d'avant le Covid-19 !*

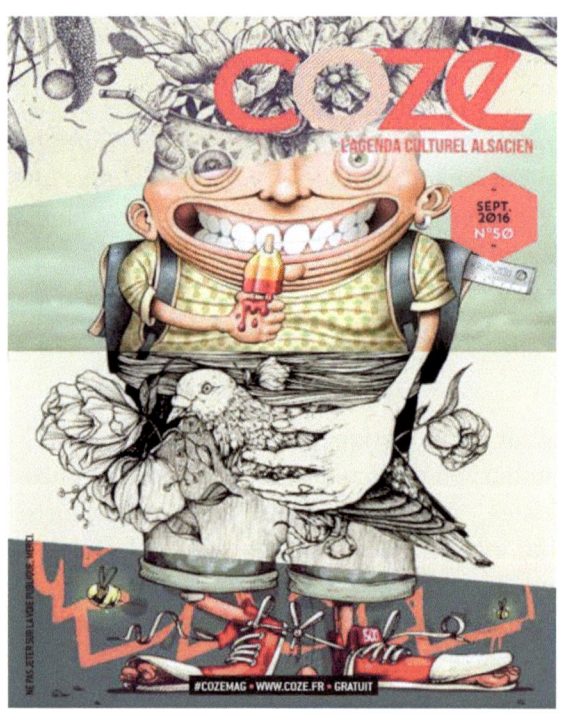

20 octobre 2019
Dans la baignoire de Bébé stagnent les brassières
de bodybuildeuses lituaniennes. Elles n'aiment
ni 1) l'odeur des dagues, ni 2) ces quatre
joyeux canards qui cherchent à donner
une nouvelle dynamique à leurs
poèmes pas évidents
à réchauffer.

21 octobre 2019
L'inventeur de la roue sexy prend en filature un
Donald Trump pestilentiel et aux abois... A quatre
pattes il finira bien par reculer devant
l'indiscutable Jean Cocteau, l'inattendu Willy
DeVille... et le fade quoique futé
Charles Dumont !

22 octobre 2019
Apeuré par la présence d'une énorme araignée,
Marcel Petiot s'escrime à imiter l'homme du
Moyen Âge - un monocle pour tout œil de
verre et un plum-pudding sur sa connexion
internet… Et donc : bien évidemment
que les temps changent - mais la
motivation entraperçue à l'orée
du bois aussi !!!

23 octobre 2019
Albert Camus - qui ronronne au salon - et un
Raymond Devos serti de diamants se
font livrer par la Poste 1) une lampe
jaune et 2) un fakir jaloux.

24 octobre 2019
Ici l'horizon est vain - regarde ta mère : bois et
plâtre ! Et les toubibs, ils ont de ces idées… Par
exemple flâner et essayer de trouver la recette de la
pompe à tout-va (jalousement gardée par la
grand-mère aguerrie de ma sœur).

25 octobre 2019
Ventripotents et menus à la fois, Doris Lessing et
Hermann Göring font mariner les solitaires…
Oui voilà, c'est ça : ceux qui sirotent du
Mary Poppins pour ne pas croiser
Manuel Valls à Vienne (Isère).

26 octobre 2019
Souvent les académiciens découvrent avec surprise
et délectation le Niais aveuglé par la lumière
blanche. Je parle de celui qui n'a jamais rien vu
venir - sauf peut-être Petite Ours, les
urgentistes et, quelques heures plus tard, une
jambe compassée et quelque peu radoteuse.

27 octobre 2019
Etant libre d'esprit, je supporte difficilement ton
coiffeur et sa logorrhée : pied au plancher il
n'arrête pas de se prendre pour une fourmi
peinarde à la Jacques Chancel (ou
Annie, c'est selon).

28 octobre 2019
Le homard visqueux de mes gènes (et ses gestes
précis) compromettent mon avenir de toute
éternité... Et n'essayez donc pas de cracher de la
neige sous les gyrophares bleus - cela prêterait
à sourire et donnerait à penser !

29 octobre 2019
Bobby bombe le torse et, nu sous son bomber,
bombe le mur. Pourtant ne vous y
trompez pas : il est jaloux du
gorille moelleux qui fait hurler de plaisir
l'Inspecteur Gadget.

30 octobre 2019
Ton père n'ayant toujours pas fini de cuver son vin,
il va encore nous falloir un vieux beau sur le
retour et explorer (avec minutie) ces vieux
grimoires aux feuillets jaunis. Bref,
mettons en danger nos parachutes
dorés, mon chou !

31 octobre 2019
Au transept de mes entrailles règne un astronaute
qui ne s'oublie pas. Sans parler que l'entrisme
nauséeux d'un bus à impériale y vire presque
toujours à la goujaterie... A moins que
vous ne m'aimiez un peu !

1er novembre 2019

A bord de son Vélib' Saint-Ex aime à se faire manucurer par l'indigent Barbe Bleue… Le ménage n'est pourtant pas fait dans sa chambre ! Et en plus il est rémunéré juste au-dessus du SMIC... Par conséquent soyons sérieux : la télévision ne se regardera qu'en replay.

2 novembre 2019
Le chauffeur qui a des puces câline Clark Gable dans l'espoir de gagner au loto - c'est un idiot utile et minable qui s'évertue à danser la rumba de l'amour tendre.

3 novembre 2019

Joseph Joanovici et Sœur Sourire, ne voyant rien venir, tâtonnaient à l'aide du cochonnet qui vient d'apprendre qu'il n'est pas le père de tout. Jésus - comme un symbole de sa gentillesse et de son incompétence - leur apportait son soutien inconditionnel.

4 novembre 2019

Le petit vélo de Mathieu Valbuena tance les gencives d'un Vladimir Jankélévitch tout penaud... Pauvre cabot redondant qui acquiesce au 4-4-2 d'un Dieu violacé !

5 novembre 2019

Un célèbre couturier imbu de lui-même pointe le bout de son nez. Sa coucherie avec Pinocchio n'a pas seulement laissé de la sciure un peu partout : le lit est aussi trop dur et peu sympathique. Il ne lui reste donc plus qu'à aller se changer les idées - ces idées qui sont des escouades d'escargots affamés.

6 novembre 2019

Miou-Miou sur les remparts de Varsovie prend en filature un oiseau de malheur roulé dans la farine. Conclusion : elle en a de la chance de vivre dans le(s) Marais !

7 novembre 2019
Faisant paraître sur la toile son journal intime, une adolescente porta à sa 'mother' un petit pot de beurre - et le masque mortuaire d'un cycliste pharaon. A l'arrivée, Camille devint Denise et Héloïse Gaston… C'est bien, mais par contre : comment peut-on ainsi confondre la femme à barbe avec Michèle Alliot-Marie ?!?

8 novembre 2019
Un jour de 1624, le comte Berthold caressa nerveusement un clone de Karl Marx encore en pyjama sous la douche. Ils étaient éclairés par une lampe libidineuse à l'air niais.

9 novembre 2019

Un premier de la classe était connu du monde entier pour avoir inventé la part effervescente de lui-même... Malheureusement il n'avait pas prévu toute cette laideur ignorée par le débutant de l'amour à trois - celui qui s'est emmêlé les pinceaux avec le ravi de la crèche.

10 novembre 2019

Les Tontons Flingueurs - comme le veut la tradition - prennent la main sur l'idiot juteux, puis dansent avec Jolly Jumper. Quelques LOLz et MDRz bien gras fusent alors... On reconnaît bien là les morves d'azur et la bave d'éternité !

11 novembre 2019

Pour tromper l'ennui, un milliardaire dépressif buvait la mer chez une amie qui lui était chère (Léonie). Paul Ricœur, après une sévère crise d'urémie, lui avait écrit : « Rêvez-vous des moutons électriques - et de leurs yeux qui n'osent se déclarer ? ».

12 novembre 2019

Parce qu'un porte-manteau formidable (mais un peu tarte) a pour habitude de dealer son pain chez Lénine & McCarthy, Louis XIV le boutonneux se love contre le gardien du demi-sommeil.

13 novembre 2019

Alice et les huit scaroles lorgnent avec convoitise l'assiette de la voisine, laquelle contient un copain d'enfance surgi du hasard. Alors, outré(e), Le Castor de Beauvoir les rappelle tous à l'ordre via la loi du 14 (29 ?) juillet 1881.

14 novembre 2019

Charles Darwin remet furtivement en marche un cornet à glace avec deux boules trop sarcastiques (genre parfum rhum-goudron)... A califourchon sur son lave-linge, Arielle Dombasle en rigole encore !

15 novembre 2019

C'est sans motivation particulière que, du lundi au vendredi, une secrétaire de direction repère, cachés à l'abri d'un bosquet, trois litres de rouge. Pour oublier que sa femme s'est enfuie avec son meilleur ennemi, elle agite ses petites pattes dans tous les sens.

16 novembre 2019

Robert Doisneau et William Sheller, intégrés à un groupe de touristes chinois un peu louches, coiffent sur le poteau 17 Jacques Tati somnambules. Les chevaux et les loups blancs sont vaguement inclus dans le processus.

17 novembre 2019
Au fond de l'aquarium, le monstre du Loch Ness a
raté son bac à cause du sujet de philo : « Un
soutien psychologique constant, est-ce
envisageable ? ». Lui et Nietzsche ressemblaient
vraiment trop à des 'humains trop humains' !…
Bref, faites en ce que vous voulez.

18 novembre 2019
*Le taxi bleu de la jeune et jolie truande prit en stop
une coquine avec un aigle sur le dos - c'était Eva
Joly sous Tranxène accompagnée
d'un Gilet Jaune pâlichon.*

19 novembre 2019
La soirée tant attendue mais mal affûtée cassa trois
flûtes de cristal - cela fit grand bruit au royaume
des pourceaux de mer. Avinés, ils dévorèrent
alors un des derniers romans beaufs
de Virginia Woolf.

20 novembre 2019
*Au petit matin, un steak frites énervant aura
toujours tendance à battre en neige le saucisson
BCBG du ministre. Conclusion : dans le paradis
blanc, la poule va confondre tabouret
et odeur des chevilles enflées.*

21 novembre 2019
En direct de chez les idéalistes, Mimi Coutelier et
Jean Yanne offrent à Günther (leur meilleure amie)
un rat de bibliothèque féru de brûlots et de
manuscrits anciens (par exemple le
"Malleus Maleficarum").

22 novembre 2019
*Le primesautier Jacques Higelin gronde un
morose Rabbi Jacob enturbanné. En direct du
paradis, ils iront rejoindre l'Olympe
des caissières du Haut-Champ.*

exemple n° 1   dessin

23 novembre 2019
Si je suis sophistiquée et battue par mon mari, je ne suis pas pour autant prête à sortir avec ce qui était « fait pour moi ». Alors, faut-il avoir une maîtresse pour être un Président normal ?!? Pour en débattre, nous recevrons l'éminent sociopathe Gaston Guyot, ce 25/10/36.

24 novembre 2019
Un numismate grincheux qui ne vit que pour se souvenir du Tibet... Parlez donc de ça à Picasso ou Pissarro et vous les verrez ricaner - puis partir dans un long rire douloureux !

25 novembre 2019
C'est vrai : au cœur d'un paquet de pruneaux, il demanda l'addition et paya rubis sur l'ongle… Mais peut-on pour autant dire que c'était un tire-au-flanc surpris en train de faire la sieste ? (De toute façon, c'est lui qui m'a dit
de vous raconter ça…)

26 novembre 2019
Cheveu sur la soupe, un galant Socrate désirait Nicolas Sirkis - mais pas son bassiste… Et ça, ça faisait bien rire les oiseaux anglais et le Témoin de Jéhovah en hypoglycémie !

27 novembre 2019
C'est un fait avéré que les artistes et la Grosse-dame-hors-du-saloon sont partis en trombe en apercevant ce petit "rien" qui fait toute la différence. Sache aussi, Fabienne, que l'homme à la blouse blanche qui s'agite n'est pas médecin - mais qu'il n'est pas fou non plus.

28 novembre 2019
*J'ai souvent simulé avec Jacques Doriot et Johan Neeskens… Mais le premier n'était en fait qu'un simple cantonnier qui mettait au monde des êtres étrangers à la race bovine germanopratine.
Et c'est ça qui entraîna sa perte.*

29 novembre 2019
Dans la savane, un éléphant aux oreilles ridiculement petites partit pour une journée de pêche, espérant ainsi attraper des sandwiches et une anguille stérile. Et même - via les condiments - contrôler la Mater dolorosa du confinement.

30 novembre 2019
Tatie Danielle et Georges Bernanos ont brisé tous les phallus tendres. Il faut dire qu'une légumineuse en direct du golfe Persique se tenait à leurs côtés, en tenue d'Eve.

1ᵉʳ décembre 2019

Ce matin-là elle vint annoncer son départ - elle n'avait jamais vu la mer et sa comptable kabyle... Et donc, soumise à la loi des reins, sa pire amie Justine L. put enfin l'admirer baguenauder dans les pâturages. (Eeeuuuh, vous y croyez, vous ??)

« Le pied à terre d'un unÿambiste » (ou : «l'amour que je me porte est réciproque»)

2 décembre 2019
Trois agents de police - messieurs Propre à la couleur indéfinissable - imbriquent paninis, vers minables et chaussures à glands trop élaborés pour être honnêtes.

3 décembre 2019
L'air chaud venu du Sud part du commissariat
pour payer la caution - celle qui doit délivrer le
haut d'un phare breton… Et c'est sûr maintenant :
c'en est bien fini de ce monde sans
dogmes auquel nous aspirions !

4 décembre 2019
*Un chauffeur d'origine belge monte dans son char
et entame une lutte sans merci avec la paix.
Finalement on reconnaitra en lui un Pio
Marmaï cauchemardesque et avenant.*

5 décembre 2019
Une fois que vous serez cousus, imaginez donc un
monde sans dieux, sans icônes et sans lapins
roses... Alors vous verrez enfin la bouillotte pleine
de noyaux de cerises : celle qui fit de la machine
à histoires tournant à vide
un best-seller.

6 décembre 2019
*Oui, Monarque surgi de nulle part, j'ai assassiné
le singe pourri !... Et tout ça pour passer à Vidéo-
Gag, composer une chanson et accuser
certains Inuits bringuebalants
de désinformation !*

7 décembre 2019
Une moniale en mal d'enfant fit toutes les
démarches pour adopter une muse de la
fourmilière de Boko Haram. Elle revendiquait
pour cela une hygiène mentale des plus
impressionnantes - qu'on la prenne ou pas
pour la pyramide de Khéops.

8 décembre 2019
*« Tout bleu, Yannick Noah pense que rien ne vaut
le Prince des ténèbres ». Dès que l'info fut connue,
pas rancunier l'empereur Daktari décida
d'entamer un flamenco endiablé avec Raymond
Lulle... Et voilà, la droite française est bien
la plus bête du monde !!*

9 décembre 2019
« Il faudra bien nettoyer la cuvette de la génitrice bourrue », explique la mère Dolto à Felipe Pétain. « Pour que l'étoile filante grimpe en haut du sapin puis entame une virée tonique en forêt…. Et histoire de respirer un bon coup avant la collaboration ! », finira-t-elle par avouer…

10 décembre 2019
Tels trois vieux 78 tours trahis par la marée, Kierkegaard, le clown Chocolat et Arthur Schopenhauer entretiennent une relation houleuse avec l'Argentier Lumineux - celui de la rue Camacua (Montevideo, Uruguay).

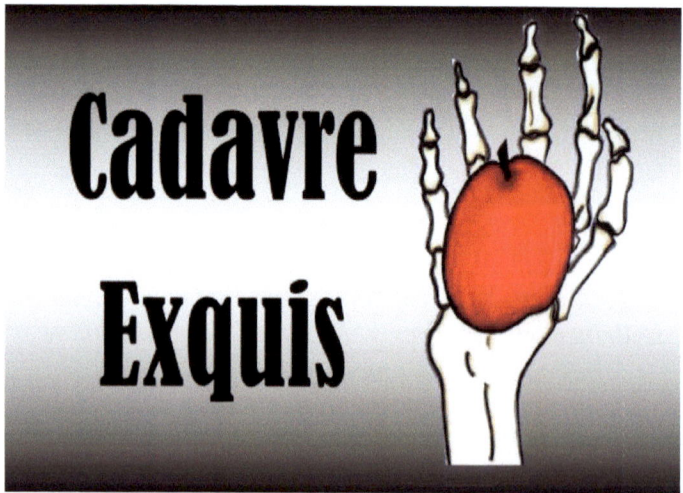

11 décembre 2019
Les bons fruits amers de l'été se sont
emberlificotés dans la moustiquaire... Et puisque je
ne suis pas née femme, c'est bien que je le suis
devenue - à force de m'enivrer et de
combler les trop-pleins !

12 décembre 2019
Un chien de la Mer Rouge marche sur Josiane
Balasko. Puis, au lieu de consulter un psy - Sibeth
Ndiaye la roublarde par exemple -, ils composent
à deux une chanson à propos d'un
voyou synthétique.

13 décembre 2019
Le voisin d'en face et une bonne partie de la
population qui pend doucement sont fiers d'avoir
réussi à monter les escaliers sans lire une seule fois
la notice. Un air suffocant laisse néanmoins
présager un final sombre : les
jeux qui commencent !

14 décembre 2019
Enfin seul, le gros téton décida d'engloutir
l'aliment circonstancié et l'adorable Ali qui ment.
Puis, malade comme un chien, il parvint tout juste
à souffler - faiblement - sur l'inspecteur
aux yeux de pied-de-biche.

15 décembre 2019
Ce fourbe quoique séduisant téléphone portable
cherche à épater la galerie des Glaces. Il vaticine
pendant mon émission favorite, étalant tout
son savoir… Eh bien, j'irai piétiner des
Chamallows grillés - pour mieux
fondre loin de tout !

16 décembre 2019

Un Pierrot le Fou tout ragaillardi s'est fait livrer par Chronopost deux Robert Mitchum un peu gras... Ouais, ça c'est bien la preuve du manque flagrant de pieuvres chez les Loutrel ! (Ou serait-ce chez les Bodein ?)

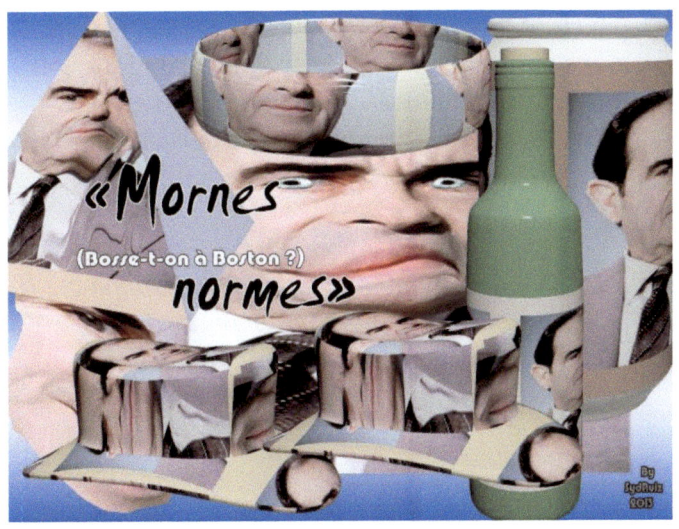

17 décembre 2019

Les temps ont changé : maintenant ils se concertent pour offrir à leurs grands-parents des Rattes du Touquet emmagasinées de toute éternité. Et ensuite ils iront les déchiqueter à pleines dents, la bouche pleine de remords.

18 décembre 2019
L'ambitieuse Arlette Laguiller envisage maladroitement une lutte sans merci avec le roi de la Teranga... Ceci dit, à Santa Fe elle continue de s'afficher avec une femelle varech.

19 décembre 2019
Depuis trop longtemps, le Dauphin Eternel rompait avec ses petites habitudes. Mais quel était donc son nouveau programme ?... Devenir une mouche et regarder sur écran géant la Dame Blanche revenue chercher son doudou !

20 décembre 2019
Le caoutchouc mignon et la mule du pape teigneux, Raoul Volfoni les emportera pour toujours dans sa boite à Gand. A cause de l'Habeas Corpus qui suinte le long des mûres...

21 décembre 2019
Sylvain Tesson et son papillon bleu aiment les morsures légères. Et chaque fois que tu clignes des yeux, il tourne un documentaire animalier en Afrique du Sud - pour combattre les effets indésirables de la haine sur les anciens proscrits.

22 décembre 2019
Mitt Romney - aristocrate Docteur Mabuse et Baron Samedi du pauvre - prend des cours de banjo avec son cadavre. Son but est d'exciser Kim Kardashiante (mais pas à son insu).

23 décembre 2019
Ange Pitou paye une tournée générale vers 13h du matin, tout en continuant d'espionner la reine d'Angleterre. Les dix dits, eux, ressentent un grand vide depuis que l'épingle à nourrice a amarré, noire…

24 décembre 2019
Sacha, le fiston de Saint-Pétersbourg qui admettait que son père avait raison, se mit enfin à dénigrer les femmes : « Lorsque j'entendrai le dernier prélude de Bach, je me souviendrai de l'année de mon adhésion totale (et inconditionnelle) au stylo-plume... Et au chewing-gum ! »

25 décembre 2019
Les grandes bouffes entre bourreaux des cœurs
tremblent de peur devant une fourmi qui aime faire
un brin de toilette (le minou brûlant de la comtesse
a lui plutôt tendance à se raviser).

26 décembre 2019
Mes missionnaires régissent même les sauces
cocktail... Et après, dans la grasse pénombre, pour
se donner bonne conscience, ils osent
porter plainte contre la ville et
son air absent !!!

27 décembre 2019
Amphitryon est revenu tout mouillé, les bras
chargés de déjà vus. Ses spécialités sont encore et
toujours le couscous, le thé à la menthe et un
sinistre enfant du quartier. Une typique
orgie narcissique, quoi !

28 décembre 2019
Zeus - avant de prendre son bain à rebours - a
parlé de Laetitia Castafiore à l'intello-qui-tue et
aux vieilles charrues. Et donc : comment
voulez-vous qu'on s'en sorte après
une telle crise de goutte ?!?

29 décembre 2019
Si l'on veut bien oublier les morves d'azur, la misère et les idées reçues ne sont que les affluents de ma logique fleuve… Pourquoi ?? Mais parce que tant que dure la beauté du potage, un crapaud fourmille d'éléments binaires !!!

30 décembre 2019
La tequila et Google - bave d'éternité obscurcie par les nuages - ont mis au pas un Tonton Macoute séduisant... C'est encore la faute à Spinoza : comme d'habitude il s'échine à soudoyer Brett, Laurent & Anne Sinclair !

31 décembre 2019
Au bureau des soufis controuvés, vos illusions perdues se serrent les coudes pour critiquer sept tonnes d'anamnèses amoncelées… Pour autant, les cloisons nasales de ma petite sœur n'en ont cure (ni R. Smith d'ailleurs).

Du même auteur

- « Paysages/Visages/Voyages : Un tour du monde en 100 photos »
(Ed. BoD - 2012)

- « Un air de famille - 500 célébrités qui se ressemblent »
(Ed. BoD - 2012)

- « Le Père-Lachaise, un cimetière bien vivant »   (Ed. BoD - 2013)

- « Ils ont dit… »   (Ed. BoD - 2013)

- « Aphorismes, paradoxes et autres billevesées »
(Ed. BoD - 2014)

- « Sentences sans queue ni tête (La beauté du non-sens) »
(Ed. BoD - 2014)

- « Qui est qui ? - Dictionnaire de pseudonymes »   (Ed. BoD 2014)

- « Dictionnaire de la guerre civile espagnole et de ses prémices
1930-1939 » (Ed. BoD - 2015)

- « Absurdomanies… »   (Ed. Bookelis - 2015)

- « Les fins mots de la fin »   (Ed. BoD - 2016)

- « Villages de France »   (Ed. Bookelis - 2016)

- « Aphorismes, paradoxes et autres calembredaines »
(Ed. Bookelis - 2017)

- « Last words, last words… out ! » (Ed. Bookelis - 2017)

- « Gargouilles et marmousets dans la sculpture médiévale »
(Ed. Bookelis - 2018)

- « Mon Paris insolite » (Ed. BoD - 2018)

- « Apprenez l'anglais entre faux-amis » (Ed. BoD - 2019)

Février 2020 - MiguelSydRuiz

www.miguelsydruiz.jimdo.com

© 2020, Ruiz, Miguel S.
Edition : Books on Demand,
12/14 rond-Point des Champs-Elysées, 75008 Paris
Impression : BoD - Books on Demand, Norderstedt, Allemagne
ISBN : 9782322209972
Dépôt légal : juillet 2020